藝術家出版社印行

秦始皇兵馬俑
The Terra-cotta Army of Qin Shi Huang

張濤 著

藝術家出版社

藝術生活叢書

秦始皇兵馬俑

The Terra-cotta Army of Qin Shi Huang

張濤 著

藝術家出版社印行

目 錄

目 錄

前言

　　1976年初，一號俑坑遺址展廳基建工程剛開工，秦俑坑考古隊組成了一支支小分隊，手持洛陽鏟在始皇陵園四周尋找新的兵馬俑坑，陵西、陵北、陵南都沒有發現。皇天不負有心人，1976年4月23日在陵東的一號俑坑東北側約20米處，探測出第二個兵馬俑坑，按發現順序定爲秦始皇陵兵馬俑二號坑，簡稱二號俑坑。接著，喜訊接踵而至，1976年5月11日，在一號俑坑的西北側23米處又發現一個俑坑，按其發現順序定爲秦始皇陵兵馬俑三號坑，簡稱三號俑坑。並在二、三號俑坑間發現一個未建成的土坑。

　　1987年5月底動工，在原址上修建三號俑坑遺址保護大廳，於1988年底工程竣工。展廳建築面積1,714平方米，廳外壁面以芝麻白天然花崗石鑲嵌，同時於1989年初開始正式發掘。三號俑坑是兵馬俑坑中最小的一個，但也是最獨特的一個。它東西最長處爲17.6米、南北寬21.4米，總面積僅330平方米，不到一號俑坑面積的四十分之一，平面呈不規則「凹」字形，坑內有木質戰車1乘，陶質武士俑 66件、陶馬 4 匹、青銅兵器35件。1989年9月27日，秦兵馬俑三號坑遺址展廳也正式對外展出。

　　二號俑坑遺址保護大廳於1988年9月動工修建，占地面積12,000平方米，比一號俑坑展廳建築面積大1,000平方米。1991年底展廳基本竣工，然後進行內外裝修。根據試掘材料分析，這是個平面呈曲尺形大坑，東西最長處120米，南北最寬處98米，面積約6,000平方米。內有戰車89乘，陶俑、陶馬1,300餘件。

　　秦俑坑考古的重大收穫，概括起來有三方面：一是發現了約8,000件真人真馬大小的陶俑陶馬，其種類眾多。俑分步兵、車兵和騎兵俑；馬有拉車的陶馬，也有騎兵所乘的鞍馬；其造型逼真，氣韻生動，排列有序，讓我們看見秦代軍陣的形象模擬。二是俑坑內出土了數萬件實用青銅兵器和少數鐵兵器，豐富了秦代兵器的研究資料，其中長鈹、金鉤更是古代兵器考古史上的首次發現。三是發現了一批建築遺址和遺物，三個俑坑和一個廢棄坑的建築面積爲25,000多平方米，另外一號俑坑南端還發現了20,000多平方米的修建俑坑工人住的窩棚，俑坑內出土了大批秦人和後世所留的遺物、遺迹。總之，秦俑坑發現的意義不僅在其文物本身價值的無法估量，對秦代軍事史、科技史和雕塑史的研究都具有十分重大的意義。

　　秦俑一、二號坑軍陣是按照陣法編列的，提供我們秦代車兵、步兵和騎兵編制的實物例證；三號俑坑則再現了秦代軍幕的內涵。秦俑更向人們展現了秦代騎兵、步兵、車兵、弩兵及各種軍吏的服飾、甲衣及裝束方面的真實面貌；秦俑坑出土的兵器，不但種類繁多，有弓弩、劍、鈹、戈、矛、戟、鈹、殳、金鉤等，其簡單加

工機床的運用，以及兵器表面化學防腐處理技術的發現和研究，都使我們更瞭解古代的科技史。

以往人們論及世界古代雕塑藝術史，言必稱希臘，例必舉羅馬，然而具有「內在的生氣，情感靈魂，風骨和精神」的兵馬俑，證明了古代東方雕塑藝術的風格、特色及不朽成就。從七○年代末開始，「世界第八大奇蹟」幾乎已經成為秦兵馬俑坑的代名詞。

1976年5月14日，新加坡總理李光耀來到當時正在發掘中的一號俑坑考古工地，看了半個多小時剛出土的陶俑、陶馬，臨走時激動的說：「秦兵馬俑坑的發現是世界的奇蹟、民族的驕傲。」這是第一位稱兵馬俑為「世界奇蹟」的國際名人。1978年9月23日，法國前總理希拉克，參觀了正在施工的秦俑館工地，不禁脫口讚美：「世界上有七大奇蹟，秦俑的發現可以算是第八奇蹟了。未看過金字塔不算真正到過埃及；未看到秦俑不算真正到過中國。」1979年4月，季辛吉博士和美國前副總統孟代爾也以為：「這是世界上獨一無二的奇蹟」。兩千年後的今天，被公認的世界七大奇蹟，除了金字塔外，其它都已隨著時間的流逝而幾乎不再存在，難怪秦俑的出土愈發引起人們的矚目。

中國於1987年、1990年和1992年，被「世界遺產委員會」正式批准列入「世界遺產名錄」的有秦始皇帝陵、長城、故宮、敦煌莫高窟和周口店北京猿人遺址作為「文化遺產」，武陵源、九寨溝、黃龍為「自然遺產」；以及泰山、黃山作為「文化和自然雙重遺產」。1991年7月25日，中國聯合國教科文組織全國委員會主任滕藤向秦始皇陵、長城、故宮等頒發「世界遺產」證書，其中秦始皇陵的編號為304。秦始皇陵被聯合國教科文組織列入世界人類文化遺產保護單位之一，其根本原因在於它的文物價值，它不僅只是中國人的驕傲，也是全世界、全人類的共同驕傲。

從1974年，農民楊志發在無意中發現了秦俑坑，至今已超過二十年了，而且仍在不斷陸續地傳出驚人的新發現。秦俑、銅車馬、秦陵究竟有多少「謎」？恐怕誰也無法說清，短時間內也很難真正撥雲見日，因為謎中仍然存在著無數待解之謎。本書除了呈現給您已經解開的謎外，更希望您在得到部分謎底解答後，對秦俑、銅車馬和秦陵古老文化產生更深入研究的興趣。所以本書儘可能介紹已經解開或正在「破繹」之謎。在著重知識性、科學性的同時，也儘可能融入趣味性及文學性，希望它能成為您案前床頭的好伴侶。

1996年1月於秦俑館

第一章　秦俑發現之謎

　　世上許多事物無不是經過人們艱苦的探索發現的。有的雖然表面上看起來很偶然，但實際上是人們長期努力的必然性經偶發事件觸發後的呈現，是必然與偶然性的結合，如牛頓發現了萬有引力定律。秦俑的發現也是如此。是被柿子樹下打井的農民偶然發現的。發現後又經過兩代考古學家的努力，才大概地弄清楚了秦俑坑的內涵。它的揚名世界更是滲透著許多考古學家、歷史學家、藝術家和服務於秦俑館各個部門普通職工等的心血。在發現、發掘與研究中，發生了不少生動引人的趣聞軼事。

農民打井，打出了「瓦爺」

　　在秦始皇兵馬俑一號坑東南端，有一口打了一半的廢井遺址，旁邊豎立著一塊告示牌，牌上寫著：「這是發現秦俑的井址」。這口井一半在俑坑內，另一半在俑坑外。如果這口井再向東或南打歪一點，也許秦俑坑至今仍被埋在地下。秦俑坑的發現有著一段鮮為人知的故事，而且正如俗語所說的「踏破鐵鞋無覓處，得來全不費功夫」。

　　兩千多年來，秦始皇帝陵一直吸引著人們。除史書上有一些零星的記載外，另外還有一些神奇的傳說和大膽的推測。可是有關秦俑軍陣的記載或傳說卻一直成謎。世世代代多少注目秦始皇的人，從來也沒有想到過秦陵地下會藏有讓全世界驚嘆的秦俑軍隊。多少年來，在秦始皇陵園附近，不斷有新的文物出土。從本世紀六○年代起，陝西省考古研究單位，也多次對秦陵進行了考察，但當時考古重點主要在秦陵陵園內進行。誰也沒有

推測設想過在距秦陵東1,500米遠的地下，還會埋有近8,000件類似真人、真馬模樣大小的陶俑、陶馬。

　　奇蹟到底是怎樣發生的呢？是誰揭開秦俑歷史嶄新的一頁？1974年春，正逢文革後期，秦始皇陵傳來了震驚世界的大消息：秦陵東側發現了罕見的兵馬俑坑。有趣的是，最初的發現者並不是考古學家，而是土生土長在黃土地上的幾位農民。他們就是臨潼縣晏寨公社西楊村農民楊志發和他的鄉親們。

　　楊志發作夢也沒有想到他們年年同泥土打交道的手，會開啓世界文物考古的奇蹟。這年，嚴重的春旱威脅著陝西關中平原，各地農村爲了抗旱不得不掀起一陣打井熱潮。臨潼縣以東15里外一個不被人注意的偏僻小村──西楊村，也在村南一片柿子樹下，由生產隊隊長畫了一個直徑約爲3米的圓圈，開始了隊上的打井工程。可能是命運女神的安排，這雙成天摸黃泥巴的手所畫下的圓圈，恰好就圈在地下俑坑的東南邊緣。工程的頭兩天打得還算順利，到了第五天，就比較艱難了，土質突然改變，變得十分堅硬，他們並不知道，那是遇上了秦俑坑上方的「夯土層」。

　　1974年3月29日，是個極平常又神奇的日子，對秦俑來說更是個值得紀念的日子。這天，在井下挖土的是楊志發。「志發──志在發現」，這又是奇異的巧合。果然借志發之手發現了大約60厘米厚的紅燒土，一挖穿紅燒土，就突然出現一個窟隆，再往下一挖就出現了陶俑殘片、銅鏃、銅弩機、鋪地磚等。這批文物的突然出現，使在場的農民都驚訝地喊道：「這是瓦爺吧！」「瓦爺」是當地農民對陶質塑像的俗稱。村裡一些上了年紀

的人，怕得罪了這些「瓦爺」，便小心翼翼地用黃土把他們重新埋了起來，這幾乎又使這支地下軍陣再一次面臨被打入冷宮的危險。

決定秦俑命運的關鍵時刻到了。

兵馬俑距離地表平均深度為5米左右，並不太深，早在1974年以前，亦曾多次被當地村民發現。因而當地村民世代傳說，他們的祖輩在挖墓和打井時，看到過當時叫不出名字的瓦爺——秦俑。所以村民們已略知當地有「瓦爺」之傳說，只是不知瓦爺是何物？當然更不瞭解秦俑的數量和範圍了。

實際上，最早發現秦俑的人可能是漢人。我們在發掘秦俑坑時，曾發現兩座漢墓，其中一座墓穴正好挖在一組陶馬和陶俑身上。陶俑、陶馬遭到了破壞和移位，被放在墓穴的一角。這些挖墓人很可能是第一批發現地下兵馬俑秘密的人，只不過當時並未引起注意。

誰保住了秦俑？

機遇往往就是這麼奇妙，要是在往日，這個消息很可能就此自生自滅，秦俑仍不可能重見天日。誰知正當村民們面對這些「瓦爺」不知所措時，晏寨公社水保員房樹民正好趕來檢查打井的進展情況。這位略具古文物知識的水保員，聽到這口井打了好多天還不見水，就問西楊村生產隊長楊培彥：「這口井還不出水，是不是打到死線上了？」

「不像死線，可不知為啥打出了好多瓦爺。」楊培彥隨口回答。

「瓦爺，什麼樣的瓦爺？」房樹民心中不由一動，趕緊接著又問。

「像真人一樣，還有好多箭頭、青磚。」

房樹民急忙來到井邊，撿起幾塊陶片邊看邊敲，心中越發覺得奇怪。他下到井底，往井壁四周一看，噢！粗糙的井壁四周到處嵌有陶片、碎磚。用手一摳，又拿出了半塊磚。他立刻警覺到地下一定有文物，就對在井下的楊全義說：「這井不能再打下去了！」

「為啥？」楊全義吃了一驚。

「你看，這磚不是和秦陵上出土的秦磚一樣嗎？」房樹民爬出井口，找到楊培彥說：「先讓社員們停工，我看這裏很可能是古代的一個遺址，我打電話先讓縣上來人看看。」

當天下午臨潼縣文化館館長王進成帶領文物幹部趙康民、丁耀祖騎自行車來到西楊村。一看井裏出土的陶片等文物，三人全被嚇到了。他們從未見過如此高大的陶俑形像。雖然，他們也曾見過秦俑，那是1964年4月在秦始皇陵附近出土的一件。但那件秦俑才高65厘米，而且是一跪坐俑。因

為當時沒有文字資料出土，所以面對這批陶俑，他們一時真難以斷定其是否也是屬於秦物。

收集了流散在農民手中的銅鏃頭等文物，一面請社員將井口旁那堆混有陶俑碎片的土，全部篩過一遍，以便不遺漏一塊陶俑碎片。第二天再讓楊志發和六位婦女拉了整整三車子的碎俑片送回縣文化館。

於是，第一批出土陶俑的修復工作，就在臨潼縣華清池旁小小的縣文化館陳列室一角開始了。趙康民花了兩個多月的時間修復了三件陶俑，但他還是不知該如何正確地替陶俑斷代。因為仍沒有明確的文字資料出土，猶疑之餘，趙康民又找人在井的四周加拓開了一個南北長15米、東西寬8米的大坑，於是坑下更多的陶俑暴露了出來。

誰讓秦俑的消息上報曝光？

圍繞秦俑的巧事一件連著一件，在臨潼縣文化館內修復如初的陶俑，又在一個十分偶然的機會，一下子被「通」上了「天」，從此身價倍增，傳譽外界。這得感謝記者藺安穩，沒有他作為新聞專業者的敏銳性和慧眼識國寶，不知秦俑要到何時才會廣為人知。

說也湊巧，當時在「中國新聞社」工作的藺安穩恰好從北京回家鄉臨潼探親。他的妻子就在縣文化館工作。一天藺記者來到妻子工作的單位，無意中看見了這三件修復好的陶俑，心中驀然吃驚，自小在臨潼長大的藺安穩太熟悉家鄉歷史了。他直覺「這是兩千多年前秦代的士兵形象，是稀世之寶。」他採訪了趙康民，並到出土陶俑的打井現場反覆察看，寫出了一篇最終改變了這支地下軍陣命運的文章。隨後他結束探親回到北京。第二天一上班，就將題為＜秦始皇陵出土一批秦代武士陶俑＞的文稿，交給《人民日報》編輯部。編輯部一看事關重大，立即將此文刊登在內部編印的《情況匯編》上：

「陝西省臨潼縣驪山腳下的秦始皇陵附近，出土了一批武士陶俑。陶俑體高1.80米，身穿軍服，手執武器，是按秦代士兵的真實形象塑造的。像這種同真人一樣的立俑，還是第一次被發現。

秦始皇陵周圍以前也曾出土過陶俑，但都是一些體積不大的跽俑，像這種真人大小一樣的立俑，其珍貴的地方，在於這是一批武士。秦始皇用武力統一了中國，而秦代士兵的形象，史書上未有記載……

秦始皇陵是全國重點文物保護單位，可是並沒有得到妥善保護。生產隊隨意在陵園掘土挖坑，開荒種地。出土文物中的金屬製品，有的竟被當成廢銅爛鐵銷燬。一些石製、陶質物品則被任意丟棄，實在令人心痛和不

• 上圖／秦俑一號坑內的俑群
• 下圖／秦俑出土現狀
• 右圖／秦俑一號坑側全景（楊異同攝）

安。」

顯然藺安穩的預言是正確的。這篇稿子被刊出後，立即引起中央的重視。6月30日，時任國務院副總理的李先念當即批示：「建議請文物局與陝西省委一商，迅速採取措施，妥善保護這一重點文物」。

隨著藺安穩的文章和李先念的批示，秦俑由此得重現於世，開始被世人重視和瞭解，終於從地下走了出來。

秦俑坑考古隊何時組建？

1974年7月5日，時隔一周，藺安穩的文章和李先念的批示一同被送到國家文物局時，當時任國家文物局局長的王冶秋，事先對發現秦俑的情況全然不知，他著急地拿起電話請文物處長陳志德立即到自己辦公室來。結果文物處長對此情況也是絲毫不知。王冶秋再向陝西省文物管理委員會詢問，陝西的回答竟然也一樣：「我們沒有得到任何資料，對此情況也絲毫不瞭解。」

王局長顯然生氣了，發現秦俑的消息已經通上了「天」，而他這個國家文物局局長竟對情況一無所知。他命令陳處長第二天攜帶李先念的批示飛往西安，趕緊弄清楚第一手資料。7月7日，陳志德同陝西省文管會負責人一起來到臨潼縣文化館。「這麼大的事，你們為什麼不向上報告？」省文管會領導一見趙康民就質問起來。「有人說是神廟，也有人說是破瓦窯，我想弄明白後再向上彙報。」趙康民解釋著。

當他們走進陳列室，看見三件修復如初的陶俑後，緊張的氣氛才有所

• 考古人員正在一號俑坑中
工作情形（夏居憲攝）

緩和，隨之而來的是無盡的驚訝。這三件陶俑高達1.80米以上，束髮挽髻，身穿交領右衽長袍，有的還身著鎧甲，著護腿，或紮行縢，足登方口齊頭鞋，手作持兵器狀。容貌神態各具特色，還留有彩繪痕跡。

「太偉大了！」陳志德讚嘆著，激動地轉過身：「快，快去現場看看。」此時，縣文化館已先在井的四周試掘出一個大坑，坑下出土的陶俑更多了。他們仔細勘察了陶俑出土現場，初步分析後，認為這既非磚瓦窟，也不是神廟遺址。和以往在秦陵周圍出土的跽坐俑基本上似乎相近，從而斷定這批陶俑為秦俑。他們的判斷和藺安穩所作的結論相近。

陳志德迅速回京，向國家文物局和國務院彙報了秦俑坑的情況。經國家文物局批准，陝西省立即組成秦始皇陵秦俑坑發掘領導小組。同時，國家文物局正式委派陝西省抽調專業人員，組成秦始皇陵秦俑坑考古發掘隊。7月15日，秦俑坑考古發掘隊冒著盛夏之暑，輕車簡從地來到西楊村。本世紀最為壯觀的文物考古發掘，就此在中國西部關中平原上揭開了序幕。

小小「洛陽鏟」探測秦俑坑的奧秘

人們在參觀秦俑坑時，往往會疑問，當年秦俑坑考古發掘隊是憑藉什麼儀器才發現了秦俑三個坑呢？其實考古工作者憑的只是手中一把小小的「洛陽鏟」，探明了一號俑坑的全部範圍，並探出了二、三號俑坑和秦陵附近百餘座陪葬坑和陪葬墓。

「洛陽鏟」究竟有什麼神奇之處？說到「洛陽鏟」，還得先談一談北邙山。北邙位於古都洛陽之北，滔滔黃河以南。洛陽在漢時名叫陽城。公元前180年有個叫劉章的人，被漢文帝封為陽城王。劉章看中邙山是塊風水寶地，死後便埋葬此地。隨後歷代洛陽權勢也都爭相效法。有詩曰：「北邙山頭少閑土，盡是洛陽人舊墓。舊葬人家歸葬多，堆若黃金無實處。」

由於偌大邙山到處是墓葬，這可難為了風水先生。風水先生雖可憑三寸不爛之舌為喪家選定墓地，但常發生喪家在靈柩下葬之時，挖墓一看下面早有墓穴的鬧劇。沒有辦法，風水先生只好在墓穴選定後，讓人先掘地三尺看看地下情況，這也太麻煩了。清嘉慶年間，北邙山金家溝有個鐵匠發明了一種馬蹄形的鐵鏟，人們叫它「揉鏟」。它的外形為二寸寬凹字形半圓形鏟頭，高不到一尺，上端安裝2米長竹竿。把這探鏟向地下鑽插一次就可進深4寸，往上一提，就能把卡在鏟頭半圓口的土原封不動地帶上來。這樣不斷向下鑽，就得到不同層次的土壤，經過對不同地層土壤的結構、顏色、密度和包含物的分析，如果是後人動過的熟土，地下可能就有墓

葬。如果碰上異物，提上來一看就知地下有什麼東西。清朝末年，洛陽一帶的盜墓賊就利用這種工具來尋找北邙山上的古墓。五〇年代，需要在洛陽大規模投資建設一批重工業基地。爲了不破壞地下文物，基建前要瞭解地下情況，如用打井那樣的鑽機，曠日費時，這可急壞了洛陽市長。巧的是從邙山上下來一批搗鏟工，向市長毛遂自薦地介紹了搗鏟的歷史和用途，當時前蘇聯建築專家阿列克塞也夫還露出不屑的神情。可是經搗鏟鑽探後得知的情況，和挖開土層的結果完全一樣。阿列克塞也夫不禁大爲驚訝，連聲稱讚：「哈拉少！哈拉少！（好！好！）」。

　　隨著考古學在中國的興起，搗鏟便被進一步加以改進，成爲考古工作者的專用工具。1954年，洛陽舉辦考古鑽探訓練班，在文物考古界全面推廣這種鑽探利器，並正式命名爲「洛陽鏟」。秦俑坑和國內其它文物遺址一樣，也都是靠洛陽鏟而探出了地下遺址的形制和內涵。令人遺憾的是，近期刮起的盜墓風潮中，許多盜墓賊也一樣是使用「洛陽鏟」。

一號俑坑究竟有多大？

● 左上圖／考古人員用洛陽鏟進行考古鑽探並帶出不同層次的土壤（夏居憲攝）
● 右上圖／秦始皇陵和秦始皇兵馬俑博物館遠景，東爲秦陵皇陵，西爲秦始皇兵馬俑博物館（楊異同攝）

● 秦俑、陶馬出土現狀（楊異同攝）

1974年7月15日，首批考古人員進駐秦俑坑考古工地時，一行僅四人。他們原以為用不了多久就可發掘完畢，誰知越挖掘規模越大。

　　7月16 日起，考古人員首先對已暴露的遺跡、遺物作了紀錄、繪圖和攝影，並對原來趙康民發掘的部分繼續清理。7月底，挖掘的部分建築遺址已裸露出來。8月1日起又開始了擴方試掘，面積為南北長24米，東西寬14米，總計336平方米。兩個月後，試掘方中的陶俑、陶馬也已全部清理完畢。但仍沒有發現俑坑的邊際。高深莫測的秦俑坑到底有多大？這下才唬住了考古專家，他們不得不一邊發掘，一邊手持洛陽鏟以間隔3米的距離，沿試掘的方位向西鑽探。經過近一年的試掘和鑽探才略探清了該坑的範圍和形制。這是座特大型俑坑，因首先發現定名為秦始皇陵兵馬俑一號坑，簡稱一號俑坑。一號俑坑東西長230 米，南北寬62米，面積為14,260平方米，是個土木結構的地下室建築。估計坑內埋藏陶俑、陶馬約6,000件、木質戰車40餘乘、實用兵器數十萬件。一號俑坑內的陶俑不僅眾多，而且種類亦較複雜。在西北大學歷史系考古專業師生支援下，在試掘方北側又試掘了兩個方。一號俑坑東端才全部顯露了出來，共計出土陶俑500餘件，木質戰車6乘，陶馬24匹和一批青銅兵器。

　　這一巨大發現頓時轟動了中國、震撼了世界，成為二十世紀世界考古史上的偉大奇觀。1975年7月10日，新華社發布「陝西臨潼縣秦始皇陵東側發現了一處巨大的陶俑坑，出土大批舉世罕見的兵馬俑等珍貴文物」的正式消息。這支地下軍陣終於正式開始整裝待發，披堅執銳地來接受世人的檢閱。

秦俑館誕生內幕

　　1975年8月初，秦俑坑考古挖掘隊寫了篇〈一號俑坑發掘情況〉彙報給陝西省文化局和國家文物局。當時國家文物局局長王冶秋正在北戴河休養，一天他與聶榮臻元帥在沙灘上巧遇。閒談中聶問起了秦俑：「秦俑坑是個地下軍陣，若能建個博物館就好了。」王局長急忙回答：「我也有這個意思，但考慮國家經濟仍困難，所以未敢提出。」聶帥沉思片刻說：「你打個報告給國務院，讓大家討論一下。」第二天，王冶秋趕回北京，向谷牧和余秋里兩位副總理作了簡報。他們也很贊同。王冶秋心裡有了底。他迅速將在秦俑坑原址上建立博物館的報告提交給國務院辦公會討論。這次會議由李先念主持。會上，他認真聽取了與會者的意見後表示：「就這麼決定了！」。由此「秦始皇兵馬俑博物館」的名字正式確定。

　　8月26日，王冶秋來到西安，把這個喜訊告知給陝西省委和省文管會，

大家更是喜出望外。次日王局長來到秦俑坑工地，察看並召集大家研究建館方案。

陝西各方聞風而動，各路人馬都開始進駐秦俑坑工地。在動工前為確保文物安全，將試掘方全部回填。1976年9月，一號俑坑遺址展廳破土動工，展廳東西長204米，南北寬72米，建築面積15,458平方米，落地式三鉸鋼拱架結構。如此大跨度的拱形建築，在世界遺址性博物館建築史上也是獨一無二的。1978年4月完成主體工程，同年12月全部竣工。

如果說秦俑的發現有些神奇的話，那麼秦俑館的誕生就太幸運了。我們假設，聶榮臻如果未曾詢問秦俑，谷牧和余秋里如果不同意建館，李先念如果不表態，這三個關鍵處，只要遇上任何一個「不」字，「秦俑館」就會難產。1976年又是十年動亂的最後一年，政治風雲變化多端，天災人禍不斷，整個國民經濟處於崩潰邊緣，許多建設被迫停頓，而秦俑館的籌建工程卻奇蹟般地順利。

1978年5月，一號俑坑遺址展廳主體工程剛剛完工，考古工作者開始對一號俑坑進行全面正式發掘，把一號俑坑劃為27個探方，這次發掘主要清理東端的五個探方，共2,000平方米，出土陶俑1,087件，陶馬32匹，木質戰車8乘，兵器數萬件。1979年10月1日，一號俑坑正式對外開放展覽，秦始皇兵馬俑博物館也正式誕生。

第一個介紹秦俑的外國友人

秦俑發現期間正是文革動亂的最後幾年。是誰把發現秦俑的消息公諸於美國，進而轟動全世界的呢？此事主要導因於美國《國家地理》雜誌1978年4月號上發表題為〈秦始皇帝的大軍——中國令人難以置信的考古發現〉報導文章。此文的作者是美國女記者、自由撰稿人奧德麗‧托平女士。

說起來，這個新聞傳播過程也同樣具有戲劇性。托平女士曾於1971年、1972年、1975年和1978年先後四次訪問陝西。原來，她的父親是個中國通，1884年生於中國，原是位加拿大的外交官，二〇年代曾在中國任教，晚年又是周恩來的好友。由於這些特殊原因，托平女士才能被屢次應邀到中國訪問。1978年她又和父親、女兒、妹妹以及侄子一家五口，再次被邀請到西安觀光。

托平女士在此次西安之行期間，特別被獲准探訪當時剛剛開始基建的秦俑館。參觀那天正下著雨，托平女士不顧現場附近的泥濘，興致勃勃地觀看了剛剛出土的各種秦俑，訪問了考古工作者，心情十分興奮激動。她

連夜動手著文，又當即將文寄回美國。

托平女士撰寫的〈秦始皇帝大軍──中國令人難以置信的考古發現〉一文，文采華美，真情流露，全文分為八個部分，即「成千上萬人建造帝王陵墓」、「排列有序的方陣」、「松樹鮮花掩映下的陵冢」、「聖旨使新都人口劇增」、「昔日暴君的新形象」、「中華民族的創立」、「儒生受暴虐」、「勞民傷財求長生」和「掘墓人的殘酷命運」。原文中還配有十多幅精美插圖，和六張新華社特別提供的秦俑彩色照片。托平女士在序言中寫道：「當羅馬帝國在西方擴展的時候，東亞的秦國國王吞滅了其餘各國，建立了中國的核心，歷史上稱這位勝利者為秦始皇，他是第一位皇帝，也是萬里長城的建造者。……我們面臨的是本世紀以來最為壯觀的發掘。……我們站在雨中，激動的幾乎流下熱淚，如同每一個面對偉大藝術品的人。這些塑像個個栩栩如生，……如此偉大的考古發現，展示了歷經戰鬥與榮耀的中國歷史。我們在此所看到的大軍只是一個歷史的開端，在不到三里遠的地方才是墳墓的本身和歷史的源頭。也許就在那巨大的墳墓下面，埋藏著帝國最大的秘密以及中國歷史上空前絕後、最為瑰麗輝煌的寶藏……」

托平女士的這篇近萬字的長文和照片、插圖共佔17頁，封面刊印了秦俑6幅彩色照片。《國家地理》雜誌憑著它的聲譽和專業地位，很快地引起美國、歐洲乃至世界各地的廣泛的矚目。七〇年代起，凡來西安的歐美遊客，許多人均是受了這篇報導的誘惑。

第二章　秦俑坑修建之謎

　　規模浩大、場面壯觀的秦俑軍陣，常常使每一位參觀者爲之驚嘆。其實早在秦俑坑修建的四百多年前，秦穆公時代的建築，也曾以其宏偉氣勢震驚列國。當年，西戎派到秦地的使者由於看到秦巍然高大的宮室建築後，不由感嘆道：「使鬼爲之則勞神矣。使人爲之亦苦民矣。」

　　秦俑坑的修建是在秦統一中國後進行的。那時全國的資財和工匠，可由他統一調遣，有能力提供大興土木的經濟條件和技術，自然不是穆公時代所能相比的。難怪秦俑坑的建築布局、規模比以前更雄偉、氣勢更加磅礴。凡是對秦俑有興趣的人，都急於瞭解秦俑坑的修建之謎。

- 左下圖／一號俑坑展廳外景
- 右下圖／三號俑坑展廳外景（夏居憲攝）

秦俑坑是什麼建築？

　　建築是具實用性的藝術，作爲秦陵陪葬坑的秦俑三坑，依其各坑內涵不同，三個俑坑建築形制、平面布局也各有特色。三坑各爲獨立的建築，總占地面積近四萬平方米，成品字型分布。

　　一號俑坑是東西向長方形，方向南偏東83度。東西長230米、南北寬62米，面積爲14,260 平方米。其西端距秦始皇陵外城東牆1,225米，和秦始皇陵內城的東北角成一直線。坑內夯起十道2米高的土隔牆，從而形成周圍環以廊房，中間爲東西向的9個開間，四邊各有5個斜坡門道的布局。前邊的廊房放置了前鋒步兵俑，後邊和南北的廊房中放置了環衛步兵俑。中間的9個開間裏放置了戰車與步兵相間排列的軍陣主體。

　　2號俑坑平面完全不同於一號俑坑，近似曲尺形，東西長96米，南北寬84米，面積爲6,000平方米。不及前者的二分之一。東西兩端各有4個斜坡

● 一號俑坑背視圖

● 三號俑坑內景（楊異同攝）

門道，北邊有2個斜坡門道。平面結構明顯地分爲南北兩部分，南部近似一個正方形大坑，坑內夯有7道土隔樑，從而形成東西有廊房，中間爲8個開間的方形布局。廊房內沒有放置陶俑和陶馬，開間內放置64乘戰車，廊房與開間之間用封門的立木封堵。北部近似一個長方形，根據坑內內容布局分爲三個小部分。第一部分位於曲尺形的端部，爲長方形大坑，坑內夯有5道土隔牆，從而形成四周有廊房，中間爲4個開間的長方形布局。廊房內放置有立式弩兵俑，開間內放置有蹲跪式駕兵俑。第二、三部分位於曲尺形中部和北部一個「」形坑，坑內共夯有5道土隔牆，形成6個開間的小曲尺形布局。三部分各占曲尺南部和北部三個開間。內放置戰車和步兵，西邊後犄部分放置騎兵。第三部分三個開間內也放置著騎兵。這兩部分6個開間前端均留有一個小門道可以相通，只能供單人行走。

三號俑坑平面布局最爲特殊，呈「凹」字形，建築總面積330平方米，僅爲一號俑坑面積的四十二分之一。根據坑形可分爲南、中、北三部分，各部分又可分爲幾個不同的小單元。東邊有一斜坡形門道，進門後，進入俑坑中部的車馬房，內有駟馬車一輛。車馬房前邊爲一南北向長廊。在長廊的兩側各有南北兩個東西向長方形廂房。南廂房由前廊、過廳、前室和後室四部分組成。南廂房由廊房和正廳兩部分組成。北廂房內放置有夾道相向排列的20件鎧甲武士俑。

像這樣布局錯落複雜、整體規模宏大，結構特殊的地下建築，應是按照周密的設計方案和工序進行營造的。三個俑坑的平面布局雖不同，但立體建築方法基本相似。以一號俑坑爲例，秦代工匠根據當時的建築技術和材料，在地上先挖一長方形深坑，深約5米、長230米、寬62米。然後在坑底逐層夯築起半米厚的地基。在地基上夯築起東西向的土隔牆10道，隔牆寬2米左右，長約2米，高度爲3.2米的二層台。在隔牆兩側和土坑四周也包鑲夯築高約3.2米的二層台。在隔牆兩側和土坑四周密排木質立柱。柱多爲圓形，柱徑一般約30厘米，厚高應爲3.2米。柱與柱之間間距一般爲1.5米或1.75米。立柱上端承托著枋木，從而構成井口枋形的木構框架。大框架上密排棚木。棚木上覆蓋一層人字形蘆席。席上覆蓋一層厚約20至30厘米的紅土、白堊和砂的摻和土，接著再覆蓋厚約2.7米的五花土，並經夯築形成土木結構的坑頂。然後通過斜坡門道，把陶俑、陶馬和木質戰車放進俑坑，布完軍陣後再用立木把門封堵，門道用夯土填實，形成了一座封閉式的地下軍事營地。

- 右頁左圖／席紋
- 右頁右圖／柱炭跡及建築遺跡（楊異同攝）

秦俑坑的工程規模有多大？

　　秦俑坑的建築工程規模有多大？我們先看看秦朝濫用民力的概況。秦始皇統一中國後，多次對外用兵，大規模修築長城、阿房宮和營造驪山墓，以滿足他的窮奢極慾，無謂地大量消耗驚人的人力、物力及財力，僅前後動用的人民就在200萬人以上，而其中修築秦陵的超過70萬人。《漢書》〈賈山傳〉說：「秦王貪狠暴虐，殘賊天下，窮困萬民，以適其欲也。昔者，周疆千八百國，以九州鄉民養千八百國之君，用民之力，不過歲三日，……秦始以千百國之民自養，力罷不能勝其役，財盡不能勝其求……」這就是說，秦始皇統一六國後，濫發徭役，橫征暴斂早已破壞了固定的有限賦稅、徭役制度。我們可以從秦俑坑中窺其一斑。

　　秦俑坑的規模宏大，其土方工程量和建材用量都非常巨大。一號俑坑面積為14,260平方米；二號俑坑面積為6,000平方米；三號俑坑面積為330平方米，四號俑坑面積為4608平方米，四個俑坑總面積為25,198平方米。四坑平均深度5米，其挖掘的土方量達125,990立方米。四號俑坑回填土方量為23,040立方米。俑坑的地基處理，隔樑和坑頂的夯築土方量152,200立方米。若以每個勞工每天挖運土方半方，夯築土方三分之一方計算，共需要將近10萬個工日。

　　一、二、三號俑坑共有陶俑、陶馬近8,000件。如若參考工人複製秦俑坑出土的原寸大陶俑、陶馬各一件，共用240個工作日，每件用120個工作日。如果再加上彩繪及材料的準備等，每件製作至少需要150個工作日。如以此計算8,000件總共用120萬個工作日。俑坑的鋪地磚256,000餘塊，所用木材8,000立方米，席子18,000餘平方米。這三項的用工工作日不易估算，但至少也得幾十萬個工作日。根據《史記》〈秦始皇本紀〉記載，秦始皇修建宮殿和陵園所用的木材來自蜀、荊地區。從如此遙遠的地方把木材運來，再經過加工、建造等工程，其一根木頭將「用數十百工」。在一號俑

坑南邊約30米處，有一片修建秦俑坑工匠所住的窩棚基址，面積約20,000平方米。由此可知，用工量的巨大，是極為驚人的。

有多少人從事秦俑坑的土建工程，用多少人製作陶俑，史書上都沒有記載。據袁仲一先生估算，若以300人燒製陶俑、陶馬，要費時四年左右，若以500人從事土方工程，約需四年左右，再加上燒磚及木構建築的用工量，整個土建工程為十年左右。秦俑坑僅是秦始皇陵園內的一個陪葬坑，其直接用工人數為1,000人以上，耗時十年左右。再加上運輸、後勤供應及監工管理人員，則約需1,500人以上連續不停地的工作十年。除去雨季、多季不能施工的時間，以及刑罰死傷人數，則需2,500人以上工作十年，可見整個陵園工程之耗工巨大。

秦俑坑何時開始修建？

● 三號俑坑 南廂房
內景，許多出土
的俑均無頭，破
壞情形嚴重。
（夏居憲攝）

秦俑坑何時開始修建，史書上沒有一字記載。秦俑坑僅是秦始皇帝陵園的一個陪葬坑，而關於秦陵的修建，史書上卻有明確記載。《史記》〈秦始皇本記〉：「始皇初即位，穿治驪山，及併天下，天下徒送詣七十餘萬人，穿三泉，下銅而致槨，宮觀百官奇器珍怪，徒藏滿之。」由此我

們可以看出，秦始皇陵的修建前後歷經了兩個階段。一是始皇於公元前246年繼位為秦王（即位初期），就開始修建陵墓。「及併天下」又開始了大規模的修建陵墓。實際上秦始皇死時陵園的修建工程並未完成，由於農民反抗，修陵工程被迫於公元前209年草草收工，「驪山之作未成，而周章百萬之師至其下矣」（《漢書》〈楚元王列傳〉）。由此可知，秦陵的修建實際上經歷了三個階段，歷經38 年。

秦俑坑的修建時間，無疑是這三個階段的38年內進行的。據秦俑坑考古發現的一些遺物遺跡，為我們斷代俑坑時間提供了線索。俑坑內出土兵器上的記年銘文，年代最晚的為始皇十九年（公元前228年），俑坑內兵器都是實用兵器，所以說這些兵器放進俑坑時間不會超過始皇十九年。俑坑內磚上的銘文有「都司空」和「宮水」等印文，這兩個印文是秦統一中國後兩個燒造磚瓦的作坊，俑坑的修建年代上限又可斷為秦統一中國後。另外俑坑內所用8,000立方米的木材都是粗大的松柏木，是楚荊之地的木材，也自然只有在統一後才能進行。

總之，秦俑坑的修建工程，大約開始於公元前221年秦統一中國後，至公元前209年被迫停工，一個未建成的俑坑也只好廢棄回填，使整個秦俑坑工程沒有全部完工而不了了之，前後歷時十餘年。秦俑坑雖是個半途而廢的工程，但就已基本完成的一、二、三號俑坑工程來說也是空前絕後的。

項羽曾焚燒秦俑坑嗎？

在秦俑坑出土多年後的今天，人們在參觀秦俑坑時，仍可見到塌陷的土方，壓著破碎的陶俑殘片、土隔樑上還有一堆堆木炭遺跡、個別陶俑經火焚後燒成硫渣狀……這一切都表明俑坑曾遭焚燒人毀塌陷的例證。而且各個俑坑塌陷破壞的情況和程度各不相同。那麼，觀者自然要發出種種疑問。焚燬俑坑發生於何時？能證明是當年項羽入關發陵時焚燒的嗎？

要弄清這個問題，先得分析一下各個俑坑焚燬的具體情況和直接原因。根據發掘情況，一號俑坑在塌陷前曾遭人為破壞，使俑坑部分遺物移位和被人拿走。接著是火燒的破壞，俑坑內木結構、木質戰車，幾乎全部被燒成灰燼，陶俑和陶馬身上的彩繪顏色，凡經火焚部分已全部脫落。俑坑經火焚也全部塌陷，陶俑陶馬被砸，完整者極少。後世在一號俑坑上方密布著近代墓群，挖墓者也在無意中擾動過陶俑。

二號俑坑塌陷的原因，一是俑坑內部分經火焚塌陷，另部分係俑坑內木架結構自然腐朽塌陷。俑坑塌陷前是否遭到過人為破壞，由於二號俑坑尚未全部發掘，還不能明確的判斷。後期墓葬也擾動過二號俑坑。

三號俑坑沒有發現火燒的痕跡，其頂部破壞結構腐朽引起的自然塌陷。但是，三號俑坑內的陶俑、車馬遭到的破壞要比一、二號俑坑嚴重，車子被砸成零星的碎片，車前陶馬成了一片瓦渣，許多俑無頭，兵器和車馬器出土數量很少。顯然三號俑坑在塌陷前曾先遭人為洗劫，但未被焚燒。再加上俑坑塌陷時的壓砸，三號俑坑在三個俑坑中破壞最為嚴重。

那麼，一、二、三號俑坑的人為破壞是什麼人、在何時所為呢？史書中也沒有記載。有人曾提出火焚的原因，可能是俑坑內沼氣引起的自燃。但在發掘俑坑中並沒有發現這種現象，況且完工後的俑坑實際是一組完全封閉的地下建築，根本沒有燃燒所需要的足夠空氣。自燃之說顯然證據不足。又有人提出是秦人的自焚，類似祭儀中的燎祭。但三號俑坑和二號俑坑的部分並未曾火燒，因此舉證亦不足。

一號俑坑焚燒過的隔牆，發現一座西漢前期合葬墓，墓中出土有漢武帝時候的「五銖」錢幣，証明一號俑坑在西漢前期已不為人知，同時也說明焚燬時間，至少在漢武帝以前。二號俑坑自然塌陷部分，則發現一座東漢初年墓葬，証明二號俑坑自然塌陷部分，係東漢初年木架結構已經腐朽而使俑坑塌陷。那麼，二號俑坑經火焚部分絕對發生在木架結構腐朽前，也就是說火焚當在西漢或更早。從土層關係來看，一號俑坑的底部覆蓋有厚10至44厘米的淤泥，約可分為10層至14層。二號俑坑被焚部分的淤泥較厚約2至5厘米，從一、二號俑坑的淤泥層來分析，可推斷先修築一號俑坑，後修築二號俑坑。這些跡象也可進一步證明，俑坑是在建成後不久被焚的。假如時間相隔很久，那麼俑坑內淤泥應堆積更厚更多。那麼，俑坑到底何時被焚的呢？秦亡以前不可能有人敢去破壞俑坑，西漢王朝建立不久，漢高祖劉邦曾派人對秦始皇陵園進行管理，也不可能發生俑坑大規模破壞活動。《漢書》〈楚元王列傳〉記載，秦始皇陵被「項羽入關廢之，以三十萬人三十日運物不能窮。」始皇陵地宮是否被項羽所掘，目前還不能完全定論，但陵園內大片的地面建築被焚屬實，至今仍可看到陵園建築遺址內堆積著很厚的殘磚殘瓦、紅燒土塊等。項羽這位楚國貴族出身的將軍，對秦始皇以武力踏平楚地，殺死其祖父和叔父，毀滅他貴族美夢的秦國軍隊，自然懷有深仇大恨。單以報仇雪恥這一點來看，兵馬俑軍陣是其報復的最好對象。在復仇心理驅使下，掘開俑坑、砸碎兵馬、拿走兵器、焚燒俑坑是完全可能的事。這是目前秦俑坑被焚較有說服力的推論。

秦俑坑為何置於陵園之東？

參觀過秦俑坑的人們，往往提出這樣一個問題，秦始皇陵園東門外發現了這批兵馬俑坑，那麼按照中國古代的建築布局對稱原則，應在陵園的西門、北門和南門外也有兵馬俑坑。但經多次實地勘查，終未在其它門外發現有兵馬俑坑的存在。那麼秦俑坑為何置於陵園之東呢？而且這陵東配置的兵馬俑軍陣中，陶俑、陶馬又為何面向東方呢？

　　有些人說，背西向東是秦人的一種葬俗，他們認為「日落歸西」，人死如日落，所以葬時要頭西腳東，即背西向東而葬，說明秦人對太陽的崇拜。也有人說，秦俑坑也許是秦諸多的宮殿中的一部分。其建築位置在首都咸陽以東，面向東方，表示秦坐西向東，併吞六國，統一全國的決心和氣魄。這樣，秦在大舉消滅六國之時，在咸陽以東的宮中建立規模宏大的秦俑坑，以紀念戰爭的勝利，顯示秦的國威。也有人以為，始皇陵兵馬俑是近衛軍軍陣，坐西東向，是因為秦始皇本人是滅六國統一天下之最高統帥，即或在秦始皇駕崩，君臨地下以後，兵馬俑組成近衛軍陣是要防禦被滅六國人民靈魂作亂。還有人以為，兵馬俑面東的主要原因應該是秦始皇帝陵墓正門在東。有人則以古代列陣的戰術要求，和秦陵周圍的地理環境分析認為，秦俑軍陣置於陵園之東，正是按照古代陰陽戰術思想選擇的。在當時，沒有火器、沒有機械的情況下，選擇這樣的地形在戰術上有明顯的優越性。「右背高山」、「左前水澤」，為防止敵軍以左右兩側突襲造成了天然的屏障。「前低後高」可以形成居高臨下的陣勢，造成防禦或出擊的最佳優勢。如果在陵園其它三面列陣，其它地形都無法符合兵陰陽的戰術思想，只有將軍陣置於陵園之東，才能符合兵陰陽的戰術思想，或許這就是軍陣置於陵園之東的重要原因。這一較有說服力的觀點，是秦俑考古隊副隊長張占民研究出來的。

秦代磚瓦有何特色？

　　磚瓦是我國古代最早使用的一種建築材料。它的發明使我國古代建築脫離了簡陋狀態，而進入了比較高層次，在建築史上占了重要地位。

　　在我國，瓦的發明早於磚，製瓦技術是從陶器發展出來的。1976年，考古工作者在陝西岐山縣鳳雛村，西周早期宗廟遺址中，發現少量帶瓦釘或瓦環的繩形紋瓦。春秋時期瓦已普遍使用。戰國時期，筒瓦和板瓦在宮殿建築上廣泛使用。瓦當是用在房檐，用以保護木檐頭的專用瓦，它是古代實用性與藝術美結合的又一代表。戰國瓦當的質量也勝過了春秋時期，紋飾更加精美。秦代更是使用瓦的興盛時期。這時瓦坯的製作用桶模成坯，提高了瓦坯質量和製坯效率。秦瓦當圖案種類更多，有雲紋，動植物

- 上圖／兔蟾紋瓦當，現存淳化縣文化館。
- 左圖／夔紋巨型瓦當
- 右頁圖／秦陵出土的瓦當（楊異同攝）

紋、葵紋等。儘管陶瓦發明後，又有了三彩、釉瓷等，但至今關中人仍將陶盆、陶缸稱作「瓦盆」，以至於兩千年後發現秦俑的農民仍稱其爲「瓦爺」。且後來的瓷器的「瓷」字，玻璃製成的「瓶」字，仍從「瓦」旁，可證明其源之久。

已知我國最大的瓦當，是1979年在秦始皇陵北側出土的一件夔紋巨型半圓瓦當，高48厘米，徑61厘米的大半圓形。瓦當上飾有夔紋浮雕，生動並具立體感。爲古代建築材料中少見的珍品，被譽爲「瓦當王」。

磚的製造和使用也始於西周，當時已經出現了鋪地磚。因其質地堅硬如石，故磚字從石旁，考古工作者在陝西扶風縣發現的磚約50厘米見方，底面四角各有半個乒乓球大小突起。春秋、戰國時期製磚技術有了提高。鋪地磚底四邊有突棱，長寬約35至45厘米。戰國中晚期，還出現了裝飾用的空心磚。

秦時磚已廣泛被用作建築材料。秦磚火候很高、結構細密、體重如石，質地之好聞名於世，素有「秦磚漢瓦」之譽。秦磚根據需要，有條磚、空心磚等。從秦都咸陽遺址、秦俑坑遺址發掘可知，這時的長方形條磚型號較多，規格比例趨於標準化。在俑坑底部墁地的青磚，其規格分大型條磚、中型條磚、小型條磚。其中以小型條磚數量最多。磚多半爲青灰色，個別的爲橘紅色。質地細膩而堅硬，磚上均飾有細繩紋。秦始皇陵園出土花紋磚有大小兩種型號。大號磚長42厘米，寬31厘米。小號磚長33厘米，寬20厘米，磚的厚度約3厘米。磚除少量素面以外，其餘均布以幾何紋飾。這種方磚用以鋪地或者鑲嵌在建築物牆壁上。另在秦都咸陽遺址內區還發現殘破的帶裝飾花紋的秦代空心磚，紋飾呈淺浮雕，有龍紋的、龍鳳紋的、鳳紋等，也呈青綠色，很堅硬。這種空心磚大多是用以砌築皇室宮殿步階等設施用的。

第三章　秦俑軍陣之謎

●一號俑坑軍陣局
　部，前鋒俑幾乎
　全爲袍俑。
　（楊異同攝）

　　軍陣是力量的結構布局。軍陣，又是戰爭的具體藝術。衆寡分合，因
情造勢，雖爲用兵之常卻深藏著無窮的奧妙。遺憾的是古代軍陣的風采，
隨著歲月的流逝而失落於茫茫煙塵。秦俑一、二號軍陣的發現，爲我們無
聲地打開了一扇神秘的窗口。儘管這批兵馬俑軍陣歷時兩千多年滄桑歲
月，焚燬破壞、黃土掩埋而變得殘缺不全，但龐大的整體陣容仍不失當年
的威武神采。秦俑軍陣的秘密至今雖然還沒有完全解開，但我們從一、二
號俑坑軍陣的編列、兵種的分配、兵器組合等基本情況，卻能窺其大略，
得悉許多奧秘。秦俑軍陣不愧爲一部已化爲形象的《孫子兵法》。

　　更爲可貴的是，秦俑軍陣還爲古代軍陣戰術、軍事思想、軍事制度和
軍隊裝備的研究提供了彌足珍貴的實物資料。

古代軍陣有何奧秘？

要瞭解秦俑軍陣之謎，先要明白古代軍陣的奧秘。首先要知道何爲軍陣？宋代名將岳飛說：「陣而後戰，兵法之常。」古代進行戰爭，離不開行兵布陣。在一場戰鬥中，主將要將作戰意圖貫徹於全軍，如「心使臂，臂使指」一樣地指揮作戰。要使數千萬乃至更多的軍隊協調配合作戰，而又能在特殊情況下各自爲戰，這就要求全軍在戰場上按嚴格的編制排列爲一定的隊形投入戰鬥。這一定的隊形就是軍陣。爲此，必須「選陣」、「列陣」，以達到「立卒伍，定行列，正縱橫」（《司馬法》〈嚴位〉）的目的。同時，古代軍隊中有車兵、步兵和騎兵，又有若干種不同的兵器，如何根據各自的特點，用其長、補其短，互相配合，在戰鬥中發揮最大限度的功效，形成最強的戰鬥力，也必須視地形、敵情和我情斟酌「布陣」。所以「排兵布陣」是古代軍隊中征戰前必不可少的步驟。只有這樣，才能使全軍上下動作協調一致，適應敵情變化充分發揮戰鬥力，做到孫子所要求的「人既專一，則勇者不能獨進，怯者不能獨退。」（《孫子兵法》〈軍爭〉）做到尉繚子所要求的「金鼓所指則百人盡鬥，陷行亂陣則千人盡鬥，覆軍殺將則萬人齊刃，天下莫能當其戰矣。」（《尉繚子》〈制談〉）

古代軍隊的陣法十分複雜，有許多已經失傳。先秦時期的《孫臏兵法》就有＜八陣＞、＜十陣＞、＜十問＞、＜官一＞等篇專門討論陣法，並列出了方陣、圓陣、疏陣、數陣、錐行之陣、雁行之陣、鉤形之陣、玄襄之陣、火陣、水陣、雲陣、飄風之陣等陣名。唐詩亦有「功蓋三分國，名成八陣圖」之說。無論那一種陣式，有多少人馬參加，必然在陣之中又有小陣，即「陣間容陣，隊間容隊」，「大陣包小陣，大營包小營」。就是說既有大部隊的總體布置，又有小部隊的局部安排，其間又有有機的銜接。

我國古代文獻中對於陣法的記載雖然很多，但對於如何具體布陣的記載卻寥寥無幾。儘管如此，我們還是能看到古代一些將領布陣的情況。例如元狩二年（公元前121年），漢朝軍隊和匈奴族軍隊進行的戰役中，李廣率領的四千騎兵，與匈奴的四萬騎兵遭遇而被包圍了，面對十倍於己的敵兵，李廣就用了「圜陣外嚮」首尾相顧的作戰陣形，充分發揮外圍弓弩的威力，成功地抵抗了兩天，終於支持到救兵到達而解圍，這是一種以防守爲主的圓形戰鬥陣形。至於進攻的戰鬥隊形，最常用的是步兵居中，騎兵配置左右兩翼。如北宋初年抵禦契丹騎兵進攻時，就布置了這類軍陣。據《武經總要》卷七所載，全陣需要兵力15萬人，下分三大陣，即中央的步兵又分爲9個小陣，每個小陣又由若干「點」組成；每個點又由5個隊組成，每個隊列配戰車1乘，兵72人，分別掌握弩、槍、刀、劍、拒馬等兵

器。每個隊的占地大小、相互的間隔距離都有明確規定。

秦俑坑出土的陶俑、陶馬雖都已傾倒、破碎，但原位沒有大的變動。陶俑多從足的腕部斷折，而足踏板早在俑坑建成不久就被淤泥所埋，所以陶俑和車馬原來的排列位置比較容易復原。從兵、馬的排列可以看出，秦俑坑就是一個形象的布陣圖，它向人們提供了兩千多年前軍陣的具體形象，為我們展現了秦人軍陣的部分秘密。

一號俑坑車兵和步兵的編列

一號俑坑東端廊房內有陶俑210件，除去南北兩端分別面南、面北的6件俑外。其餘204件分為南北向三列橫隊面東排列，每列68件，前後、左右成行。在中間一列橫隊的左右兩端各有一件頭戴長冠的軍吏俑，似為統帥前鋒部隊的將領。這204件陶俑，僅有3件為甲俑，餘均為袍俑。陶俑手勢也多作提弓狀，只有11件陶俑的手勢作持戈、矛等兵器狀。

一號俑坑西端廊房內也有南北向三列橫隊陶俑，最西的一列為面西的甲俑。其它兩列面東，由於西端沒有全部發掘，所以陶俑數量及其手執的兵器不詳，但可根據試掘方陶俑數量推算，估計同東端廊房中陶俑數量。

一號俑坑左右兩側的廊房內，各有兩隊步兵俑。其外邊的一隊呈東西向的橫隊排列，分別為面南和面北。其裡邊的一隊呈面東方向的縱隊排列。每隊長約184米，有步兵俑約180件。兩個近廊內各有陶俑360件左右。這些陶俑除東端的部分袍俑外，其餘均為甲俑，其配備的兵器主要是弓弩，個別陶俑腰際佩劍。

在上述四周廊房的環繞下，俑坑中間的東西向9個開間裡，有戰車和步兵相間排列的面朝東方的36路縱隊，每個開間裡4路縱隊，再加上南北廊房裏各有一列面東縱隊，共38路縱隊，每隊長約178米。由於一號俑坑尚未全面發掘，戰車和步兵排列的詳細情況不完全。從一號俑坑東端發掘方來看，戰車和步兵是這樣結合：每輛戰車計有乘員3人，車的前後左右都配有步兵。每輛車前的步兵共有3排，每排4人，3排共12人，組成一小戰鬥單位，作為車的鋒隊。車的左右兩側的步兵人數不同，每4人一排，共若干排組成一個長方形的縱隊。車後跟隨的步兵不等，有的72人，有的百餘人。這種以戰車為中心，在其前後左右配置步兵的編組方法，增強了步兵對戰車的掩護能力。步兵俑中多數為甲俑，少數為袍俑。配備的武器是弓弩與戈、矛戟、鈹等長柄兵器相雜，個別陶俑則腰際佩劍。

以上我們可以看出一號俑坑軍陣排列情況，不是行軍或戰鬥中進攻的陣形，而是整裝待發或是防衛待敵。因為其外圍主要為弓弩手，用於遠

● 上圖／一號俑坑軍陣
　局部，甲俑擔任環衛
　俑之責。(楊異同攝)
● 右圖／一號俑坑軍陣
　一景，這是個前有袍
　俑、後有甲俑，有鋒
　、有衛、有主體、有
　側翼的交錯軍陣。
　（夏居憲攝）

射，非用於近攻，而其東西南北四端兵俑方向是四面向外布置，並且非有主攻方向。一號俑坑兩側的翼衛和最後邊後衛環衛俑均為甲俑，而東端的前鋒俑幾乎全是袍俑。總之，這個有鋒有衛，有主體有側翼，步兵和車兵交錯的陣容，既平整統一又富有變化，是一個組織嚴密、排列有序的軍陣。那麼，一號俑坑是什麼軍陣呢？一種看法以為，一號俑坑是以戰車、步兵相間排列的長方形軍陣；另一種看法以為，一號俑坑的排列可以認為是「魚麗之陣」；再一種意見認為，從這一組尚未最後建成的雕塑群看，實際是集中了春秋戰國以來主要軍陣類型。是陸軍陣集大成的縮影，它既不是毫無根據的憑空想像之作，亦不是某一軍陣、某一次戰役的簡單模擬，而是戰國末年各軍陣場面的提煉、集中。還有一種看法以為，從一號俑坑軍陣的隊形的戰術特徵分析認為，它再現了兩千多年前方陣的戰術隊形。諸說種種，如果有一天研究者能夠真正還歷史以真實面貌，那無疑是考古界和史學界的一大快事。

二號俑坑車兵、步兵和騎兵的混合布陣

根據鑽探和試掘材料分析，二號俑坑軍陣的布陣複雜程度遠超過了一號俑坑。二號俑坑由四個單元內的四個不同兵種，構成一個曲尺形軍陣。第一單元，即俑坑東部是一個弩兵小型方陣，由334件弩兵俑組成的小方陣，位於曲尺形陣的前端，構成軍陣的前角。其編陣的方法，是分為陣表和陣心兩部分。陣表（即方陣的四周，是由174 件立射武士俑組成。陣心部分由160件跪射武士俑組成，分作8路縱隊，每路20 件。這樣在作戰時立射和跪射手輪番射擊，一起一伏，迭次交換。從而保證矢注不絕，以集中射擊力量，增強了戰鬥力。步兵方陣後部的南邊為第二單元，由64乘戰車組成的車兵方陣。列隊形式是橫為8列，縱為8排，每乘戰車後由甲士俑3件，御手居中，車左、車右各一件。車兵方陣以北為第3單元，又是一種以戰車、步兵、騎兵混合編組的長方形軍陣。計有戰車19乘，步兵俑264件，騎兵俑8件，分成三路縱隊排列。 俑坑的北半部為第四單元，此單元由戰車6乘、鞍馬和騎兵俑各108 件組成的騎兵陣。四個單元，構成一個大陣，又可以分開為四個獨立小陣。

學術界目前一般認為，第一單元是由弓弩徒兵組成的方陣；第二單元是由戰車編成的方陣；第三單元為編伍結合的長方形軍陣。這種編列方法，殆庶文獻上所說的先編（即車）後伍（即徒兵）的魚麗陣法。第四單元為騎兵陣。這四個小陣有機結合，組成一個大型曲尺形軍陣，這也就是兵書上所說的方、圓、曲、直、銳五種軍陣中的曲形陣。它的左翼突擊於

右前方，成爲軍陣的前角，它的中軍部分的後尾突擊於曲尺形之後，成爲軍陣的後犄。所以說二號俑坑軍陣是具有前角、後犄的曲形陣。四個小陣合成一個大陣，這種分陣方法，可叫做大陣套小陣，大營包小營，陣中有陣，營中有營，互相勾連，分而爲各自是一個獨立的作戰單位，合則渾然爲一個整體。也有人認爲二號俑坑軍陣是攻擊形式，即歷史上的雁行之陣。還有人認爲它是方陣，又有人認爲它是古代的疏陣。不管它應該叫作何種陣法，從上述布局來看，我們認爲，二號俑坑軍陣是一種結合攻防，進可攻，退可守的軍陣，殿後的騎兵陣則是機動部隊。由於人們對二號俑坑軍陣的看法各不相同，史書上尙無明確記載，從而形成所謂的二號俑坑軍陣之謎。願有志者深入研究者，早日揭開此謎底。

秦俑種類知多少？

● 二號俑坑 出土的
　騎兵俑

　　我國古代軍隊經歷了由單一兵種向多兵種發展的歷史過程。在奴隸社會中期之前，主要是步兵（徒兵）和車兵組成，後期先後出現了步兵、騎兵及舟師。據史料記載，夏朝軍隊中雖已有了戰車，但主要是使用冷兵器徒兵俑進行集群衝擊，直接格鬥的地面作戰部隊。商朝後期，車兵開始成爲軍中的重要兵種。到了春秋後期又出現以車兵爲主，步兵、騎兵、舟師並存的四個兵種。戰國時期，車兵開始衰退，步兵逐漸成爲主要兵種，但仍爲騎兵、舟師並存的四個兵種。秦漢以後，一直保持著四個獨立的兵種，稱之謂「材官、樓船、騎士、車士」，即步兵、水軍、騎兵和車兵。秦軍又將步兵、車兵和騎兵三個兵種統稱爲陸軍，其中步兵又有重裝和輕裝之分。由於俑坑局限，秦俑三坑中僅出土了秦軍的步兵，車兵和騎兵。實際上，秦軍中是有水軍的，秦曾在漢中、巴蜀一帶有一定數量的水軍。

　　秦俑三坑出土的陶俑數量不僅眾多，而且種類亦較複雜。以兵種可分爲步兵、車兵和騎兵三大類。這裏所說車兵是指戰車上的乘員而言，每乘車上一般戰車有乘員3人，即軍吏、御手和車右；指揮車上亦有乘員3人，即軍吏、御手和車右；但高級軍吏俑（俗稱將軍俑）所乘的戰車上，御手俑和車右俑有的也戴下級軍吏俑的長冠。駟乘車有乘員4人，即軍吏、御手、車左和車右。革車後僅有乘員2人，即御手和車右。步兵俑，包括單獨列隊的獨立步兵俑和位於戰車前後隸屬於車的徒兵俑等兩種。這兩種俑依其職位高低的不同，又可分爲軍吏俑和步卒俑。軍吏俑依其甲衣、冠飾和造型的不同又可分爲高、中、低級軍吏俑；一般步兵卒俑中根據其裝束的不同，又可分爲袍俑和甲俑，即輕裝步兵俑和重裝步兵俑。重裝步兵俑又可依其髮飾分爲介幘甲俑、扁髻甲俑和圓髻甲俑。一般步兵卒

● 二號俑坑出土的御手俑（夏居憲攝）

- 左圖／二號俑坑出土的高級軍吏俑
- 右圖／一號俑坑出土的高級軍吏俑，頭戴鶡冠，身穿前胸下擺成尖角形的彩色魚鱗甲。（夏居憲攝）

俑也可根據所持兵器的不同，分為持遠射兵器弩步兵俑，持短兵器俑和持
長柄兵器步兵俑。持弩步兵俑還可分為立姿持弩俑、立射俑和跪射俑。持
短兵器俑，還可分為佩劍俑和佩金鉤俑。持長柄的步兵俑還可分為持矛
俑、持戈俑、持戟俑、持鈹俑、持殳俑等。騎兵俑擬其所處位置又可分為
騎兵軍陣俑和殿後騎兵俑。另外，秦俑坑出土的陶馬又可分為拉車的陶馬
和騎乘的鞍馬。

千軍易得，一將難求

「千軍易得，一將難求。」這是流傳的一句古語，可見我國古代對將
帥的重視程度。的確，將帥能力大小、品性優劣、素質高低、選配當否，
與一支軍隊的強弱、戰爭的勝負關係極大。那麼秦時軍隊的軍吏有那些等
級？秦俑軍陣中的陶俑數量有那些軍吏？又如何識別不同等級的軍吏俑呢？

有戰爭就有指揮者，而後逐漸形成專職的將帥。文武分職，將相分
設，萌芽於春秋中期。到了戰國時期文武殊途越來越明顯，不僅「將帥」
成為專職，而且除楚國外，各國都先後設置「將軍」為武官之長。而秦稱
全國最高的軍事長官為國尉，但作戰時最高統帥也稱為將軍。秦還把將軍
又分為上將軍、裨將軍和將軍三種。裨將軍為上將軍之副。上將軍為三軍
最高統帥，而每一軍之最高統帥稱為將軍。將軍之下的軍事長官有都尉、
縣尉和士吏。秦軍的基層組織編制序列為5人、10人、50人、100人、500
人、1000人、10,000人。萬人為一軍。這七級每級的名稱，除5人為伍，10

人爲什兩級的名稱外，其它五級名稱均已失載。

　　根據秦俑坑發掘和試掘情況說明，秦俑軍陣中的軍吏俑和一般士卒俑的主要區別爲，軍吏俑戴冠，士卒俑不戴冠；軍吏俑穿的甲衣甲片密且小，士卒俑的甲衣甲片疏且大，軍吏俑中根據冠和甲衣又可分爲高、中、下級軍吏俑。高級軍吏俑（俗稱將軍俑）頭戴鶡冠，身穿前胸下擺呈尖角形的彩色魚鱗甲；中級軍吏俑一般頭戴雙版長冠，身穿前後下擺平齊的彩色魚鱗甲，或穿帶有彩色花邊的前胸甲。下級軍吏俑頭戴單版長冠，穿有披膊的甲衣。軍吏俑的造型風格和神態的刻劃也與一般士卒俑不同。下級軍吏俑一般身高172 厘米，胸圍88厘米，與士卒俑差異不大。中級軍吏俑身高一般爲178厘米，較下級軍吏俑和士卒俑顯得魁武。而最爲魁偉的莫過於高級軍吏俑了，身高190厘米以上，陶片比其它軍吏俑陶片厚一倍多，胸圍更是大了約40厘米。軍吏俑一些部位的細部刻劃與處理也不同於一般士卒俑。

　　這三種軍吏俑的官階多高，各統率多少兵卒，由於俑坑尙未全面發掘，目前還不便判斷，只是籠統地分爲高、中、下三級。但目前從一、二號俑坑出土的幾件高級軍吏俑的位置來分析，並非是一個兵種或一個軍的統帥，而統帥秦俑三坑軍陣的將軍尙未被發現。

　　這三級軍吏俑具體形象爲：高級軍吏俑，頭戴鶡冠、長襦，外爲魚鱗甲，下著緊口長褲，其履爲方口齊頭翹尖。衣袖半綰，雙手交垂於腹前作柱劍狀，俗稱柱劍將軍俑，此俑身高195厘米。另一類高級軍吏俑也是頭戴鶡冠，雙卷尾飾，冠帶結紮頦下，垂於胸前。身穿兩層戰袍，外套鎧甲，甲片精細，作工考究，小腿著護腿，足登方口齊頭鞋，左手作按劍狀。

　　中級軍吏俑有兩種不同裝束。一爲頭戴雙版長冠，穿交領右衽褶服，以革帶束腰，著前後擺齊的魚鱗甲，腿裹脛繳，兩臂微曲，手均半握，左手作握劍狀，右手持物不明。二爲著戰袍，著胸甲，其它裝束相同。

　　下級軍吏俑，依其裝束不同也可分爲兩類，一是著長襦，束帶，短褲，腿紮行縢，足履，戴長冠。左手作按劍狀，右臂前曲作持長兵狀，挺胸直立，神態勇武；二爲穿甲冑的下級軍吏俑，都著長襦，披雙肩有披膊的長甲，甲片較一般戰士甲衣的甲片小而密，腿部有的紮行縢，有的裹脛繳，著履或短靴，亦戴長冠，有的執長兵，有的持弓弩。

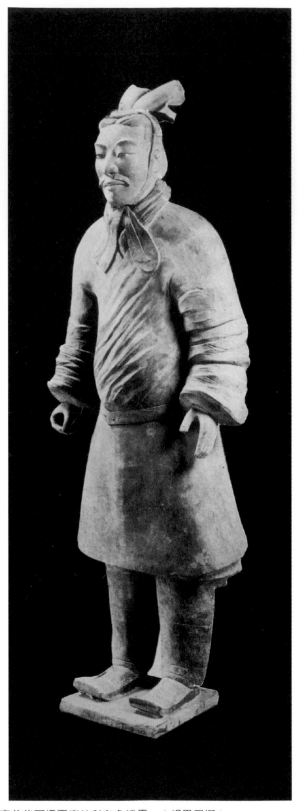

● 左圖／二號俑坑出土的中級軍吏俑，頭戴雙版長冠，身穿前後下擺平齊的彩色魚鱗甲。（楊異同攝）

● 右圖／一號俑坑出土的高級軍吏俑，也是頭戴鶡冠，雙卷尾飾，冠帶結紮頦下，垂於胸前。（夏居憲攝）

秦軍的基本兵種是輕裝步兵和重裝步兵

在中國古代幾千年的文明史上，不同時期有不同的基本兵種。春秋時期及其以前，車兵爲主要兵種，漢唐時代騎兵又成爲主要攻擊力量。那麼秦軍的主要兵種是什麼？無論從史書上來看，還是從秦俑來看，步兵是其基本兵種，而帶甲步兵（又稱甲士）又是其中的主力。所以其後很長時期步兵成爲我國古代軍隊中的一個重要兵種和基本力量。春秋以前已經出現圍繞戰車使用刀、矛、弓矢等兵器直接格鬥的地面部隊，但還沒有獨立的步兵部隊。步兵最早是由春秋初期，華夏諸國對西方和北方的戎狄的戰爭中發展起來的。到了戰國時期，步兵已成爲軍隊中的主要兵種。《戰國策》中，有「帶甲十萬」、「帶甲百萬」的記載，說明當時步兵的規模甚爲龐大。當時，戰國七雄都能「具數十萬之兵，曠日持久。」如長平之戰，一開始秦趙兩軍的步兵相接，斬將陷陣，反覆爭奪，最後還是以幾十萬步兵的搏鬥才結束戰爭。

秦俑軍陣的發現爲我們研究戰國末期和秦代步兵提供了形象資料。軍陣中有單獨列隊的獨立步兵俑和位於戰車前後隸屬於戰車的徒兵俑兩大類。又依職位高低不同分爲軍吏俑和一般步兵俑。一般步兵俑依其裝束不同又可分爲袍俑和甲俑。

袍俑因其身上未穿防護裝備鎧甲，又被稱爲輕裝步兵俑。其束髮挽髻，髻在頭部右上方，身穿交領右襟短袍，腿紮行縢，足登方口齊頭鞋，

手執兵器，位於軍陣的前鋒或陣表。甲俑因其身上穿有防護裝備鎧甲，又被稱爲重裝步兵。其束髮挽髻，或圓形軟帽，身穿戰袍，披鎧甲，著護腿，或紮行縢，足登方口齊頭鞋，右手執兵器。重裝步兵甲俑依其頭飾的不同又可分爲圓髻甲俑、扁髻甲俑和介幘甲俑三大類。重裝步兵的數量很多，位於軍陣的主體，在輕裝步兵之後。可見，輕裝步兵主要用於前鋒衝鋒，而重裝步兵則用於與敵方主力決戰。

• 左圖／一號俑坑出土的戰袍俑，束髮挽髻，身穿交領右襟短袍。袍俑因未穿防護裝備的鎧甲，又被稱爲輕裝步兵俑。（夏居憲攝）

秦俑坑出土的戰車

　　夏商西周至春秋時期是我國車戰的時代。傳說黃帝部落最先使用了牛
車，到了夏初，奚中善於造車，被後世尊爲造車之祖。我國歷史上第一次
戰爭即發生在公元前二十一世紀末的夏商伐扈氏之戰，但戰車數量不多。
商湯起兵伐夏桀時，戰車成了軍隊的主要裝備。春秋時期各諸侯國之間連
年有戰爭，每個國家都擁有大量的戰車，「千乘之國，萬乘之君」成爲當
時顯示國力的重要表徵。戰國和秦時，戰車仍呈現出穩定發展的局勢，並
逐漸形成一個獨立兵種。而戰車逐漸喪失其地位應在漢之後了。

　　秦俑軍陣中大約有130乘戰車，其中一號俑坑有40餘乘，二號俑坑有89
乘，三號俑坑有1乘。已清理出的有20乘，其中一號俑坑出土8乘，二號俑
坑出土11 乘，三號俑坑1乘。由於俑坑的被焚和塌陷，出土的車跡十分凌
亂。但根據各車保存的局部遺跡來看。這些戰車均爲木質、單轅。轅長3.7
到3.96米，前半段揚起，後半段平直，壓在車輿之下。輿的左右兩側有欄
格形的車椅，椅高約0.4米。輿前有軾後邊辟門。輪高1.35米，軾的前端有
衡，衡上縛有雙軛。車前駕有四匹陶馬，即兩驂、兩駟。陶馬身長約2米，
通高1.72米。車馬上駕具齊全。有銅銜、絡頭、靷轡等，與實戰用的戰車
沒有太大差異，並且可分爲輕車、革車、指揮車和馴乘車四種類型。各形
基本相同，僅指揮車和馴乘車上有華蓋且裝飾比較華麗。

　　每乘車後有甲士3人，即御手、車左和車右。指揮車後亦有乘員3人，
即軍吏、御手和車右。馴乘車後卻有乘員4人，即前排御手、後排中間爲軍

吏，兩側爲車左和車右。革車後僅有甲士2人，即御手和車右。御手俑均頭戴長冠，身穿鎧甲，雙臂平伸，雙手半握拳，拳心相對，作握轡狀，眼睛平視，嘴唇緊閉，御手俑鎧甲甲片小，扎葉多，說明其地位高於車左車右俑，爲車首。其主要職責是駕馭車馬，保證車馬進退有節，安全奔馳。車左俑，一般不戴冠，而戴介幘，其鎧甲片大，扎葉小。其主要職責是配了弓弩或戟矛等兵器，立在車左，以攻擊來犯敵人。車右俑，均實戴長冠，身穿鎧甲，立在車的右後角。主要職責是持長兵器與敵人格鬥，保衛戰車安全。車吏俑，都戴鶡冠或長冠，是軍中的高級軍吏或中、下級軍吏。他們有的身披彩色魚鱗甲，有的不穿鎧甲而著戰袍。主要職責是指揮軍隊作戰。

神奇的弩兵俑

秦兵馬俑坑中出土最多的兵器是弩機和鏃頭。弩起源於原始社會末期，當時僅用在狩獵。春秋時期，始用於戰爭。如《孫子兵法》〈勢篇〉中講：「勢如弦弩，節如發機。」可見當時弩已成爲主要裝配，特別是阻擊、伏擊中得被廣泛的應用。公元前434年，齊魏馬陵之戰，齊將孫臏設伏兵於馬陵道的山谷裏，當龐涓率魏軍追入埋伏圈時，齊軍弓弩齊發，魏軍隊伍大亂，遭到慘敗。這是中國歷史上以弩爲主兵器戰勝強敵的最早記載。

秦俑軍隊中的弩兵數量最多，基本分爲三種。一是立姿手提弩的步兵俑，主要分布於一號俑坑東端和長廊部分及左右兩側邊洞內。他們身穿交領右衽長襦，長度及膝，腰束革帶。下身穿長到膝蓋的短褲，腿紮行縢（即裹腿），腳穿方口齊頭翹尖淺履，履帶緊緊繫結於足腕。頭上帶著圓丘形髮髻立於頂部右側，手作提弩狀。二爲立射弩兵俑，目前共發現有175件，其中一號俑坑東端發現1件，二號俑坑陳表發現174件。其面右背左，側身橫立，束髮挽髻，髻在頭部右上方。著戰袍，穿護腿，登皮靴。左腿微拱，伸向左前方，右腿後繃，兩足之間呈「丁字不成，八字不就」狀。右臂曲至胸前，左臂略微抬起，手掌伸開，掌向朝下，雙目怒視左前方。形象完全符合《吳越春秋》記載陳音爲越王陳述的正射之道：「臣聞射之道，左足縱，右足橫，左手若附枝，右手若抱兒。右手發，左手不知，此正射持弩之道也。」第三種爲跪射俑，計有160件，位在二號俑坑東端的獨立步兵俑方陣中心。其束髮挽髻，髻在頭部右上方，用朱紅帶束髮。披鎧甲，左腿支起，右膝下跪，右足登地，方口齊頭鞋底外露。俑的兩手在右側，上下成握弓狀，弓似背在右肩，手執弦。

這三種弩兵俑數量占整個步兵俑中的絕大部分，而且所處位置也十分

- 上圖／二號俑坑出土的立射武士俑（夏居憲攝）
- 右圖／立射武士俑側視（楊異同攝）
- 左頁上圖／陶馬特寫（夏居憲攝）
- 左頁左下圖／戰車遺跡（楊異同攝）
- 左頁右下圖／二號俑坑出土的跪射俑。二號俑坑東端爲334件弩兵手組成的方陣，陣的四周均爲立射俑，方陣中心爲跪射俑，如此才能輪番上陣，增加戰鬥力。（夏居憲攝）

重要。一號俑坑前端的弩兵手多爲輕裝步兵俑，一號俑坑陣中的弩兵手多爲重裝步兵俑。顯示了作戰時以輕裝善走的弩兵手首先衝擊敵陣，接著再以重裝弩兵手配合進攻的戰術特點。二號俑坑東端334件弩兵手組成的小方陣，陣的四周均爲立射俑，方陣中心均爲跪射俑。這樣在戰鬥中立射手和跪射手輪番射擊，一起一伏，迭次交換，增強了戰鬥力。

弩是古代冷兵器中最主要的射擊武器。操縱弩機的射手常在戰爭中發揮妙用，它不僅可從遠處致敵於死地，而且可以射掉敵方旗幟，使其指揮混亂、軍心動搖，又可以射斷敵船篷索，使船不能進退。所以百發百中的弩手常被冠以「神射手」的美譽。如果有了神射手，可以在戰鬥中專射敵方主將，使敵軍混亂，敵營解體。正因爲弩兵作用如此之大，歷代軍事將領都重視弓矢的訓練並擬定具體教練步驟，一般可分爲「審弓矢」、「量力調弓、量弓制矢」、「先學持滿」、練「腳法」、練「手法」、練「調氣息」、練「控弦」、糾誤姿、由近及遠、由易而難，由將佐或老兵向新兵傳授經驗等。對弩兵手的體質要求也很高，吳起就以爲只有身材高大者才能持弓弩。

秦代的騎兵

在秦兵馬俑二號坑內，發現了我國歷史上最早，數量最多的一批騎兵鞍馬俑，以具體形象證明，騎兵在秦代的地位已進一步得到重視，並且是重要的機動性獨立部隊。據史料記載，我國騎射源於北方游牧民族。據考古發現，殷墟墓中已見單騎武士的遺跡，故騎射約在商周時期傳入中原。春秋末年左師展限從善紹公乘車作戰，遇危難時想輕裝速逃，便捨棄車輛，僅乘馬匹，這就孕育著騎兵的誕生。據《戰國策》〈趙策〉說，趙襄子「使延陵王將車騎先之晉陽。」這時騎射已實際應用在戰爭，出現了專門的騎兵部隊。騎兵作爲一個獨立兵種，始於春秋末或春秋戰國之交。

戰國時期騎兵發展最蓬勃，許多諸侯國相繼組建騎兵部隊。趙武靈王在推行「胡服騎射」時，親自訓練士兵，教閱騎馬射箭，迅速訓練出一支強大的騎兵部隊，不但打敗了過去經常侵擾的中山國，而且使趙國迅速強大起來。與此同時，各諸侯國亦先後建立了強大的騎兵隊伍。在戰國七雄中，擁有騎兵最多的國家是秦、楚、趙，各擁有騎兵萬匹，其次是燕國和魏國，亦分別有3,000匹和5,000匹。這個時期各華夏國騎兵不下五、六萬匹，這是一支龐大的騎兵隊伍。可是考古史上有關古代騎兵的形象資料極爲罕見。而二號俑坑內發現的116件騎兵俑和116匹鞍馬，首次提供了兩千多年前騎兵的裝束、裝備及戰術特點方面的資料。

從二號俑坑出土的騎兵俑來看，一般身高約在1.80米以上，騎兵俑頭戴赭色圓形介幘，繪朱紅色三點一組幾何紋，幘後正中有一白色桃花形飾，外披齊腰鎧甲，無披膊，袍袖較窄，著緊護腿，足登皮靴。冠戴及衣著均較緊細，顯得精幹俐落，便於騎射馳騁，完全符合兵書上所說「選騎士之法，取年四十歲以下，七尺五寸以上，壯健捷疾，趫絕倫等」的要求。這批騎兵俑中108件，排在二號俑坑左側一個縱長方形騎兵軍陣，縱爲3路縱隊，橫看1列橫隊。第一排爲戰車3乘，第二排爲3組騎兵，每組4騎；第3排爲戰車3乘，第4排至11排爲騎兵，每排3組騎兵，每組4騎，共108騎。另外在二號俑坑末尾的殿軍部分，有兩組騎兵，每組4騎，共8騎，以上我們可以看出騎兵在秦時雖已成爲獨立的兵種，但比起戰車來講還處於次要地位，反是二號俑坑軍陣的一個側翼，是配合戰車和步兵作戰的機動部隊。秦漢以後騎兵已成爲軍隊的主要兵種。如楚漢戰爭時，騎兵地位提高，作戰雙方動用的騎兵共達數十萬。漢武帝時，漢軍與匈奴作戰八次，其中有三次全部使用騎兵。元朝是中國騎兵發展最盛時期。

秦俑軍陣布局之謎

既然秦俑一號和二號俑坑模擬的是兩個實戰的軍陣，三號俑坑又以指揮部出現。因此這三個俑坑無疑地是一個互相有關聯的軍事集團。這不同兵種的排列組合方法，又是遵循怎樣的軍事戰術原則？

爲解開秦俑軍陣布局之謎，有不少學者專家投入研究，但說法紛歧。有一種主張認爲，秦始皇陵的建制是一幅理想的宮城圖。位於秦陵東側的兵馬俑坑似象徵著屯駐在京師外邊的宿衛軍。以戰車、步兵相間排列的一號俑坑軍陣爲右軍，以戰車和騎兵爲主的二號俑坑軍陣爲左軍；未建成的廢棄坑，當爲擬議中的中軍；三號俑坑是統帥左、中、右三軍的幕府。

另一種觀點認爲，秦俑一號坑的布陣屬方陣體係，即是矩陣的格局，二號俑坑是一個兵營性質的形式；三號俑坑則是軍幕，未建成的廢棄坑應是表現戰陣的形式。而秦俑四坑表現了列陣、宿營和軍幕。

又一種說法認爲，秦俑軍陣的完整陣法，應爲由五個兵馬俑坑組成的總陣。在已發現的四個俑坑中，居中的三號俑坑面積最小，與方陣「薄中而厚方」的兵力配置原則相符。殿後還應有一個五號俑坑，只不過未建成。其擁有的兵馬俑數目和建築面積，當在三號俑坑之上。這樣，已發現一、二、三、四號俑坑和殿後待修的五號俑坑就構成一個以三號俑坑爲指揮機關即「中軍」，二號俑坑爲前鋒，一號俑坑爲右翼，四號俑坑爲左翼，五號俑坑爲後軍的龐大軍陣。

　　以上三種觀點都將秦俑坑工程當作一個未完工的工程來分析的，都把四號坑當作一個未放兵馬俑的軍陣。與此相反的說法，則有人認為四號坑並不是擬議中要修的俑坑，它只是在修建秦俑三坑中取土時挖的土壙。秦俑三坑是一組竣工工程。秦俑一、二號之實戰軍陣和三號俑坑之一個軍幕，其兵力部署是按古代奇正戰術配置的。一號俑坑軍陣是主軍，二號俑坑軍陣是奇軍。一號俑坑在右，二號俑坑在左，也符合「左右陣行」主軍在右的排列原則。究竟那個說法正確，我們相信總有一天，終究會有人把這個謎底解開的。

- 上圖／一號俑坑的布陣是矩形的格局
- 右圖／三號俑坑內景，由北到南依序爲北廂房、車馬房和南廂房。（夏居憲攝）
- 左頁圖／騎兵鞍馬俑（楊異同攝）

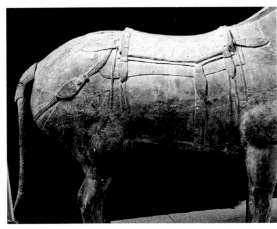

- 上圖／馬鞍特寫（楊異同攝）

第四章　秦俑裝備之謎

　　軍隊的裝備包括軍隊的武器和一切軍用物資。這裡講的秦俑裝備包括秦俑所持的兵器、所著服飾及所騎乘的鞍馬等。

　　秦俑裝備的研究有助於我們逐步解開秦軍裝備之奧秘。您看俑坑中出土的戈、矛、戟、劍、弩、鈹、金鉤等，分明是當年秦軍統一中國時所用的主要兵器；再看騎兵俑所著褶服，不就是當年趙武靈王改革時所說的胡服嗎；而這些秦俑頭上戴得各式頭冠不就是秦時的軍銜等級標誌嗎？

秦俑兵器知多少？

　　中國古代兵器可分為兩個發展時期：從冷兵器起源到公元十世紀火藥用於軍事前，是冷兵器時期；從火藥用於軍事到十九世紀中葉，是火器與冷兵器並用時期。冷兵器發展時時又可分為石兵器、青銅兵器和鋼鐵兵器等三個階段。秦代正逢青銅兵器與鋼鐵兵器的重疊使用時期。冷兵器使用最廣，與戰爭相隨而生，延續的年代最長，至今日，槍刺、匕首和軍刀等仍在軍隊中使用。從作戰性能和作用來區分冷兵器，可分為長兵器、短兵器、遠射兵器、各種雜式兵器和防護裝具五大類。

　　作為「曠世奇觀」的秦兵馬俑坑，既然是一座地下軍陣，凡親眼觀賞過的人難免會產生一個疑問，這個龐大的組合軍陣的兵器到那兒去了？秦俑兵器的種類和數量有多少？我們先看看先秦武器的概況。

　　諸子百家中的墨子認為，武器的創造首先是為了對付野獸的侵襲，進而用於狩獵，最後才用於人對人的戰爭。早在《周禮》〈夏官・司兵〉中就有「司兵掌五兵五盾」的記載。「五兵」指的是戈、戟、矛、殳、弓矢。五種兵器各有所用，相互配合。《司馬法》〈定爵〉講：「弓矢御，殳矛守，戈戟助，凡五兵五當（用途），長以衛短，短以救長，迭戰則久，皆戰則強」。這五種兵器就是先秦時期的主要兵器。到了春秋戰國時期兵器又有了較大的發展，軍隊作戰的兵器遠遠超過了這五種。

　　「秦王掃六合，虎視何雄哉！」那麼被六國畏之「虎摯之士」的秦軍使用的是什麼兵器？這一點在秦俑坑中解開了部分謎底。就目前從秦俑坑發掘出土的實用兵器來看，質地有青銅和鐵，其中絕大部分為青銅兵器。以其種類又分青銅劍、金鉤、青銅戈、青銅（鐵）矛、青銅戟、青銅鈹、青銅殳、青銅鉞、青銅弩、青銅（鐵）鏃等十種，數量已達四萬多件。一號俑坑東端發掘方出土有劍、鈹、戈、矛、戟、金鉤、弩機等兵器486件，成束的銅鏃279束（每束約百支），零散銅鏃10,896件。二號俑坑試掘方內

出土有矛、弩機、鉞及殘劍等青銅兵器15件，各類銅鏃1,464件。三號俑坑出土殳30件、矛1件、鏃4件和鏃形器1件。在秦俑坑發掘試掘方內僅出土鐵矛1件、鐵鏃1件和鐵鋌銅鏃2件。另外，在秦俑坑發掘試掘方內還出土大量的弓弩、箭箙、弓囊等，秦俑坑出土的各類兵器是秦代兵器集大成。秦俑兵器上的銘文是研究秦代兵器題銘制度的珍貴資料。兵器的組合更是研究秦代軍隊的武器裝備和古代兵器戰術史方面難得的實物資料。這些兵器的冶煉，又反映了當時冶金和手工機械發展水準。

這些兵器依用途可分爲短兵器、長兵器和遠射兵器。短兵器有劍、金鉤；長兵器有矛、戈、戟、鉞、殳、鈹等六種，其中除爲鐵矛外，其餘均爲銅兵器；遠射兵器有弓弩遺跡及銅弩機、銅鏃等遺物。從這些兵器的出土位置、數量和陶俑手勢分析，騎兵爲弓箭；車兵有弓、矛；步兵較爲複雜，處於前鋒、後衛和兩翼的步兵基本上都挾帶弓弩，有的還兼佩長劍，只有少數人持戈、矛等長兵器，而軍陣主體部分的步兵與之相反，絕大部分手持長兵器，只有一部人挾帶弓弩，還正與古籍所記「強弩在前，鋑戈在后（《史記》〈蘇列傳〉）、「材士強弩翼吾左右」（《六韜》〈分險〉）同時也能夠長以救短，短以護長。秦俑坑兵器的配置與各個俑坑屬性有很大關係，一號俑坑與二號俑坑有區別，三號俑坑更與一、二號俑坑有別。

一、二、三號兵馬俑坑均遭人爲的嚴重破壞，許多兵器已被人拿走。出土的兵器只是發掘方內原有兵器中的一部分，所以也爲研究秦俑兵器帶來了困難。加上一、二號坑都未全部發掘，所以，秦俑的兵器數量到底有多少萬件？還有沒有新的兵器種類？其配備情況怎樣？仍然要等待秦俑各坑全面發掘之後方能揭曉。

揭開秦兵器銘文的奧秘

秦統一中國後爲了銷燬天下兵器，維護統治。徵收民間兵器運到咸陽，鑄金人十二，放置咸陽宮中，各重24萬斤。據史事記載，金人胸部刻有銘文曰：「皇帝二十六年，初兼天下以爲郡縣，同度量，大人來見臨洮，身足長五丈六尺，李斯書也。」這十二金人分別在東漢和前秦鑄成了銅錢，金人身上的銘文原件我們也無法再看見了。

秦俑坑出土的兵器上幾乎全有銘文。部位在戈、戟的內外側，柔骹鈹身及其莖格之處，劍基和弩機的各部件上。那麼兵器銘文有什麼奧秘？經初步分析認爲，其一，銘文多數是刻劃文字，少數爲鑄文，字體爲小篆。這些銘文各有不同，一般是在兵器上鑄以「寺工」的官署名。多數兵器銘文

• 銅鈹上的銘文

• 銅矛上的銘文

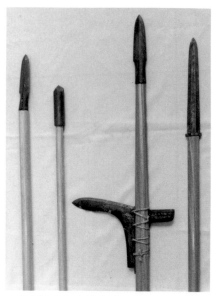

• 秦俑坑中出土的兵器

• 青銅劍

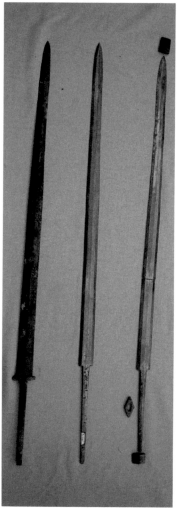

• 秦劍

• 銅戟上的銘文

• 吳鉤

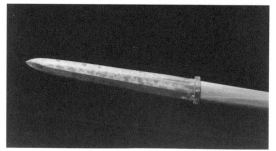

• 銅鈹（楊異同攝）

• 秦俑帶鉤特寫

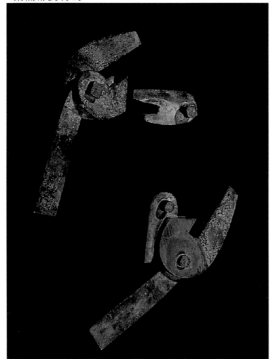

• 銅鏃（夏居憲攝）

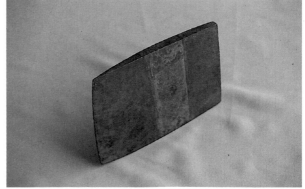

• 上圖／銅弩機
• 右圖／銅鉞

字數很少，爲一、二個字的編號。少數兵器上的銘文除官署外還有年號及
鑄造者姓名。最珍貴的是一號俑坑出土的一件長戟，銘文多達16個字，還
有兩個鑄銘。戈內正面刻有「三年相邦呂不韋造寺工龍丞義工竆」，背面
鑄有「寺工」二字，並刻一「左」。文字筆劃規範剛勁有力，字形爲小篆
體。其二，這些銘文內容怎樣解釋？它說明了什麼問題？銘文中的「三
年」爲秦始皇紀年，表明兵器鑄造的時間爲秦始皇三年；「相邦呂不韋」
是說他是兵器的最高督造者；「寺工」本是秦中央鑄造兵器的官署之一，
是執行機構，「龍」爲人名，是「寺工」官署中管理工匠的負責人，
「義」是擔任次一級職務的丞。「工」、「竆」是工匠名，即實際鑄造這
件兵器的工匠。這些銘文反映出秦始皇時代鑄造兵器的管理制度十分嚴
密，從相邦、寺工、丞到工，分三級管理，由四個等級的人構成一個系
統。前三種人屬於官吏，工是最下屬的臣人。秦俑坑出土的兵器出現了先
前兵器題銘中沒有的「寺工」官署。這一實物證明秦始皇時，已由「寺
工」官署取代了先前的「工師」。另一區別是「寺工」之下還有一級管理
機構「丞」，可以推知秦始皇時使用工匠數量眾多，不得不增加管理人員
便於使用管理。秦俑坑目前出土刻辭中的人名共13人，其中相邦1人爲呂不
韋；寺工4人，即礜、周、鮫、邦；丞2人，即義、我；工6人，即竆、
可、成、竟、黑、目。

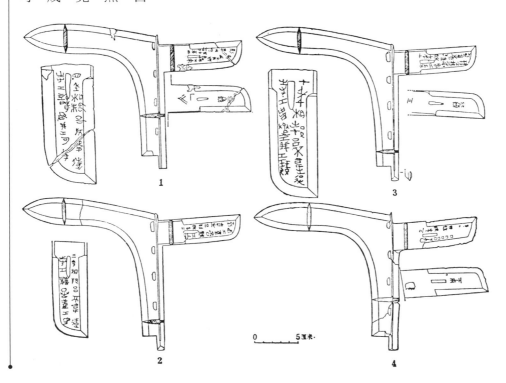

1　　　　　3

2　　　　　4

0　　5厘米．

● 一號俑坑出土的
　銅戈銘文

秦俑坑出土的青銅兵器上的銘文有明確記年者，有三年相邦呂不韋戈、三年、四年、五年、七年相邦呂不韋戟，十五、十六、十七、十八、十九年寺工鈹。這些年號均爲始皇紀年，證明這些兵器都是秦始皇時代鑄造。從中我們也可以發現又一個歷史秘密，即七年以前，兵器乃由行政最高領導丞相邦呂不韋督造，此後不見督造人，相邦的銘文也消失了。這也從側面反映了自九年始皇親政到十年呂不韋被逐免相後，相邦權力消弱，專制皇權加強。

秦代法律規定凡是國家鑄造的兵器必須刻上官署的標記。「公甲兵各以其官名刻久之。」同時規定如果一但發現沒有標記的兵器，有關人員要受到「貨一甲」的懲處。所謂「貨一甲」是說處罰相當於一領鎧甲的錢。被罰者如果沒錢可交，可以服勞役來抵償。秦國「物勒工官」的題銘制度是商鞅變法的產物。目前已知最早的一件戟鈹刻有「十六年大良造庶長鞅之造雍口」銘文。這是我國古代最早出現「物勒工官」的刻銘兵器。經秦惠文王、昭王，至秦始皇初期，這套「物勒工官」的題銘格式已臻於完善。

秦俑兵器技術遠超德國、美國

以使用器物的歷史而論，最初分爲石器時代、青銅時代和鐵器時代。中國早於戰國初跨入封建大門，秦則是封建社會的第一個大一統時期。但是在秦俑坑目前出土的四萬件兵器中，幾乎全部是青銅鑄成。僅有鐵矛1件、鐵鏃1件和鐵鋌銅鏃2件。這種現象出乎人們意料之外。在我國，戰國時代的冶鐵規模已相當可觀，並應用於製造工具和農具，僅秦陵附近出土的鐵工具達300多件。那麼，兵器也理應以鐵製代替青銅了？但事實竟然相反，這又是一件令人難解的歷史之謎。有人就此以爲秦俑坑內的兵器製作落後，僅是用來作爲儀仗的陳列品。

秦俑的兵器僅因是青銅鑄成就一定落後嗎？完全不是。若要揭開此「謎」並釋人之「疑」，還得從冶金史談起，實際上戰國末年和秦初，由於冶煉鐵兵器的工藝還處於初級階段，人們僅熟練掌握了生鐵冶煉技術，但生鐵性脆，強度不夠，只能鑄造工具。所以鐵工具在戰國中晚期得以廣泛利用。戰國後期人們還發明塊煉鋼和鑄鐵柔化處理工藝，但此時塊煉鋼生產費時費工，生鐵鑄件性質脆硬，鐵兵器還不可能大規模推廣。即使最早發明鐵兵器的楚國，據考古發現證明因鐵兵器的冶鑄技術不過關，出土的鐵兵器也十分罕見，且質量均不高。如長沙二百餘座戰國中晚期楚墓出土兵器182件，鐵兵器僅8件，江陵雨台山出土518件兵器，甚至連一件鐵兵器都沒有，僅極少數銅鏃的尾部爲鐵質。其它地區楚墓出土兵器的情況

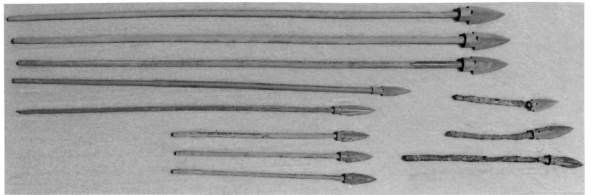

• 一號及二號俑坑出土的銅鏃

• 銅殳（楊異同攝）

• 矛

• 戈（夏居憲攝）

大致如此。秦始皇統一中國「收天下之兵器聚之咸陽，銷鋒鎬鑄，以爲金人十二」（《過秦論》），所謂「金人」就是「銅人」。說明當時的兵器也都是銅器。秦統一後進行的北伐匈奴、南伐南越等戰爭中仍然使用的是青銅兵器。到了漢代，滲碳鋼和鑄鐵柔化工藝有了進一步發展，尤其是東漢初年炒鋼新工藝的出現，鋼鐵兵器才成爲兵器的主體。所以，秦俑配備的兵器也只能是青銅兵器。實際上，秦俑坑出土的青銅兵器也是先進的，其中有不少十分精美，兵器的柔韌性和鋒利度也讓人驚嘆。

青銅是指紅銅（自然銅）和其它化學元素的合金，比如紅銅與錫、鉛的合金，其它還有鉛鋅青銅、鎳青銅、磷青銅等，因其呈現青灰色故稱其爲青銅。我國商周時代的青銅，古書記載常稱之爲「金」或「吉金」，其化學成分多爲錫青銅和鉛青銅。秦俑坑出土的兵器均係鑄造成型，合金成分，經化學定量分析、電子探針、激光定性分析等方法檢驗，所含各種金屬主要是：銅、錫、鉛，其它還有鐵、錳、鎂、鈷、鋅、鈦、鉻、鉬、釩等微量金屬。

青銅中含錫的比例不同而硬度亦不同。純銅的布氏硬度爲35，若加上5-7%的錫硬度就提高到50-65；若加7-9%的錫，硬度就增高到65-70；若加錫9-10%，硬度就增高到70-100；含錫達17-20%最爲堅利。而秦俑坑出土的青銅劍含錫量高到18-20%，經測定，硬度爲HRb106度，約相當於中碳鋼質後的硬度，其它各兵器也根據其用途不同的合金比例。和殷周時代相比，錫的含量高，這是秦人對《考工記》中的金之「六齊」合金配比的發展。

秦俑坑出土的兵器實物，使人們揭開了秦兵器工藝的「秘密」，並將因此改寫了世界冶金史。這些青銅兵器都是鑄件，再經過銼磨、拋光等細加工，表現出秦代工藝的新進步和發展。如爲了增強青銅和其它有色金屬的防腐抗銹能力，用鉻酸鹽和重鉻酸鹽處理器物表面，使器物表面生成一層淺灰色或深灰色保護層，才使這些青銅兵器得以在地下埋藏兩千多年，出土後仍然是光亮如昔。這在西方是近代才出現的一種先進技術。在德國最早發明於1937年，美國則直到1950年才發明出來，並先後列爲專利。而我國遠在兩千多年前的秦始皇時代已創造了類似工藝，這是世界冶金史的奇蹟。又如銅鈹的兩面滿布著不規則的雲頭狀的花紋，這些花紋既非鑄成，又不是刻劃而成。因爲花紋僅在器表，而表層下不見紋樣，表層上又不見刻劃痕，卻隱現於器表，和器表的金相組織融爲一體。有人推測可能是利用硫化處理法。它和鉻鹽氧化處理一樣，可稱之爲中國冶金史的又一奇蹟。再如銅劍本身，在放大鏡下觀察，兩刃乃鍔的磨紋垂直於中軸線，紋理平直沒有交錯，劍身光亮平整，組織嚴密，沒有沙眼。經測試，其光潔度在6～8花之間，似採用了簡單的機具加工，而非手工銼磨。另外秦俑

坑兵器實測結果，數百件弩機的牙、栓、懸刀和其它部件，完全可以通用互換，輪廓誤差不超過一毫米。銅鏃按照應用需要，生產分為四種類型，形成了系列產品。同類型銅鏃三個面的輪廓幾誤差不超過0.15毫米，鏃頭鋒刃採用流線型三度空間曲線，放大20倍後與當代生產的手槍彈頭輪廓線竟奇蹟般的吻合。可見秦代兵器生產型號、式樣已經規格化及系列化。

秦劍之利，匪夷所思

秦兵器雖以青銅鑄成，可是技術已臻絕境。劍，作為最常用的短兵器。在春秋末期已有了很大的發展，尤其是吳越兩國的鑄劍水準已經很高。至今我國仍流傳著「干將莫邪」的神話傳說，以前吳國王闔閭在世的時候，很喜歡寶劍。他讓吳國名劍工干將給他打造兩把寶劍，干將便和妻子莫邪一起來進行這項工作。干將做劍，先採集五方名山鐵的精華，等到陰陽交會百神都來參觀的時候，然後才鼓爐鑄劍。當鐵汁不銷熔的時候，莫邪跳進熔爐中，紅藍色的強大火光一閃，凝結的鐵汁一下子就流了出來，於是兩把人間稀有寶劍鑄造成功了，雄劍就叫干將，雌劍就叫莫邪，真是古今少有的寶劍。干將把莫邪劍獻給了吳王。

秦劍之鋒利，確實同干將莫邪有某種關聯，據說當年秦始皇東遊，至虎丘（今江蘇蘇州市）尋找吳王闔閭的寶劍，看見一隻老虎蹲在虎丘闔閭墳頭，秦始皇拿劍去砍牠，老虎跑掉了，劍卻誤砍在石頭上，後來陷下部分成為一個池子，就是如今的劍池。吳王闔閭的寶劍雖然目前還沒有發現，但秦軍所佩的寶劍我們卻可以看到。

秦俑坑目前已出土青銅劍22件，其中殘劍5件。劍身修長呈柳葉形，通長81～94.8 厘米。秦俑坑出土的秦劍和秦以前相比，劍身窄狹而長，兩面四縱四鍔，近鋒部束腰，劍的表面多呈青白色並射出閃閃寒光。經鑑定劍的表面有加工處理過的痕跡。傳說古代名劍都能「削鐵如泥，斷石如粉。」秦劍之利到底如何？為此我們曾作過試驗，在桌面上放一疊紙，用出土的秦劍輕輕一拉，竟劃透了19張紙！秦劍不但鋒利而且堅韌。一號俑坑出土的一件青銅劍，出土時因被陶俑碎片壓住而彎曲兩千多年，去掉陶俑碎片後立即反彈恢復平直。實際上秦俑坑出土的青銅劍只是一般軍吏所用，因此不論在長度造型和質地上尚不是秦代最好的寶劍，秦陵西側出土的模擬真人，真馬和大小為真車一半的秦陵一號銅車馬，車上御官俑所佩的劍長60厘米，如果按實際擴大一倍，長達120厘米。秦始皇的御用寶劍更不用說了。

公元前227年，當荊軻刺秦王的緊要關頭，因秦王佩劍太長，幸虧殿下

大臣提醒「王負劍」，這時，他才把腰間的寶劍背在背上，從肩頭呼的一聲拔了出來，一劍揮去「斷其左股」。可見秦王寶劍長度和鋒利度。後世唐代著名詩人李白在《古風》詩中讚道：「秦王掃六合，虎視何雄哉！揮劍決浮雲，諸侯盡西來。」「一劍斷股」、「劍決浮雲」，這些說法更證明了秦劍之鋒利確是名不虛傳。戰國時著名寶劍都以人名或地名而定名，如有莫邪、干將、龍淵、宛馮、鄭師、合伯、墨陽、賞溪等。秦的名劍定名為：鹿盧、太阿、工布、定秦等。秦始皇刺荊軻的劍就是鹿盧寶劍。秦俑坑中出土的青銅劍，不過是普通軍吏使用，因此劍上沒有鑄上名稱，只刻有「一」、「二」、「五」、「十八」、「五八」、「八十八」、「壬」等編號。

劍在春秋戰國時期隨著步兵的大量出現，在短兵相搏鬥中，作用就更突出。這時的劍不僅有護身作用，還有短兵相接時的格鬥作用。從俑坑出土佩劍的武士俑來看，往往是一手持弓，一手按劍。即反映佩劍武士俑所佩武器不僅能用來遠射也可作為近鬥。

揭開吳鉤、銅鈹的千古之謎

「吳鉤」是古今文人筆下常常出現的一種古兵器，又稱金鉤。即唐詩中所謂的「含笑看吳鉤」。沈括《夢溪筆談》說它是：「吳鉤，刀名也，刀彎，今南蠻用之，謂之葛黨刀」。據傳說，吳王闔閭費空心機得到寶劍莫邪後，還不滿足，又懸賞命令國內的人打造彎曲形雙刃兵器金鉤。吳王下令如有人能打造特別優良的金鉤，則賞其百兩金子。當時吳國中能打造金鉤的匠人很多，其中有個人，心貪吳王的重賞，居然傷天害理，把他的兩個兒子殺了，用他們的血來釁鉤，於是打造出兩把金鉤獻給吳王。吳王因鉤多而分辨不出。鉤師對著眾鉤喊出兩兒名字，兩鉤飛到鉤師身旁。於是吳王讓人拿出百金，賞了鉤師。便把這兩件金鉤隨身佩帶，時刻不離。

傳說雖有些神奇，但金鉤從春秋到宋代確實一直普遍沿用。然而這件常用兵器始終未能見到實物，後人只能從文獻及詩詞中去瞭解金鉤的形狀。金鉤考古最初發現是在一號俑坑前廊兩端的縱隊軍吏俑身旁。目前俑坑內也僅出土 2 件。它形狀像彎刀，分身、柄兩部分，一次鑄成。身呈彎月形，齊頭，雙刃，但齊頭無鋒，通長65.2厘米，類似於刀，但兩側有刃，亦可砍殺，也可鉤推。柄作橢圓體，正好定向握持。

鈹也是春秋戰國時期盛行的一種較強冷兵器。《左傳》中不乏記載，公元前515，吳國公子光暗殺王僚時雙方使用的都是鈹。「王僚使兵陳于道」，「人夾持鈹」。公子光「使專諸置匕首於炙魚之中進食，手匕首刺

王僚，鈹交于匈」（《史記》〈吳太伯世家〉）。但因鈹頭的造型酷似短劍，自東漢以來許多考據學者對鈹解釋不一。鈹的概念逐漸被人們所遺忘。以往的考古工作者往往將出土的鈹斷為劍。1975年，當秦俑坑出土第一件銅鈹出土時，人們還把它視為短劍。秦俑坑目前僅一號俑坑東端發掘方內已出土銅鈹16件。鈹頭形如短劍，為兩側六面的扁體，前銳後寬，刃口為直線收為鋒，莖部裝一字形格，莖與身一次鑄成。柲為木質，下有銅樽，通長3.59～3.82米。鈹頭上還套有鈹室。俑坑發現的長鈹大多數置於陶俑身旁，僅發現一柄出土時仍握在陶俑右手上。秦俑坑出土的完整長鈹是考古史上的首次發現，它的發現因此糾正了前人的誤解，首次正確解說了鈹的真正含義，也豐富了秦兵器研究的內涵。

始皇連弩射大鮫

　　秦始皇一生曾四次遇刺，每次遇刺的瞬間，都把他推到死亡線上，引發心頭強烈震顫，使他深切感受到生命的寶貴。他想牢牢把握住生命，於是對一些有關海上仙山、仙人的傳說和方士們鼓吹的長生不老藥物，均深深打動其心。比如關於東海蓬萊、瀛洲、方丈三神山的傳說，就使他十分神往。據說諸仙人和不死的藥物都在那裡。始皇為了長生不老便派遣徐福帶領千名童男童女，出海尋找仙山福地。一去九年，未得仙藥。徐福怕受始皇譴責，便編造說：「蓬萊確有仙藥可得，只是海中有大鮫魚作浪，船行無法到達蓬萊，願皇上遣善射弓箭手同去，見了鮫魚就用連弩射殺。」恰好始皇這晚做了個夢，也夢見自己同人形的海神作戰。便下令船行攜帶捕捉大魚的魚具。自己更準備了威力強大的箭弩，率人沿海邊尋覓捕殺。走到今膠東半島最東端的成山頭，俗稱「天盡頭」，果真發現鮫魚，始皇張箭弩放射，射死一條大鮫。後來人們修建「射鮫台」，並立碑以為紀念。「射鮫台」就建在今公成山頭南側岸邊，高數丈，乃是一陡峭石崖。而「射鮫台」也成為今日遊人憑欄遠眺遐想始皇連弩威力之所在。　綜觀世界兵器發展史，最早將弩裝配正規軍，並在戰場中發揮重要作用的國家當是中國。西歐諸國直到中世紀時還沒有製造出連弩這種深具殺傷力的兵器。

　　弓、弩都是用以射箭的。但弓和弩並不是同一物。弓是憑人力拉射，而弩是憑機械力發射，是弓、臂、機的複合體。人類使用弓箭的歷史很早。除了石頭木棒外，弓箭是人類發明最早的兵器。據《吳越春秋》記載，越王曾請教楚國擅長射箭的陳音，問及弓箭的起源，陳音說：「弩是從弓發展來的，弓又是從彈發展來的。」大約在距今約二萬年以前的舊石器時代已出現了弓箭，不過那時的箭頭是由石、骨、角、蚌等製造的。殷

周時代方出現銅箭頭，春秋時期出現了銅弩。弩比弓的優越性在於它在張開弓後，把弦先架在板機的「牙」上，等需要時再用望山瞄準後才扳動機上的「懸刀」把箭彈射出去。也可先準備若干張弦的弩，張弩時也可用腳蹬，用腰引，乃至使用絞車，這樣可使弩的強度比弓成倍增長，加大射程，增強威力，一次可連射出較多的箭。

以往秦弓箭實物很少發現，秦俑坑中發現了數以百計的完整秦式弓箭。目前已清理了數百張弩弓，沒有發現一張單體弓，均屬弓、弩組合在一起的弩弓。弓爲木質，長約1.4米左右。這些木弓已全部腐朽。從朽木跡象上看有皮條纏紮的痕跡，皮條上還發現一層漆皮，漆皮外有赭色彩繪和局部朱紅彩繪。弓弦也基本化爲朽灰，長95厘米。這些弓出土時都裝在用麻質作的弓囊中，借以保護木弓。

秦俑坑出土的弩，由弓、木臂和弩機三部分組成。弩弓爲木質，早已腐朽，長約1.31～1.40米，弓背徑3～4.5厘米，背的兩側有輔木，以增強張力。弩木臂是根中間稍寬的長木柄，長約71.6厘米，高8～10厘米，前端有凹形槽，以承弓背，末端較寬，裝有弩機。弩機由鉤牙、懸刀、望山、栓塞等部。弩機通高16.5厘米。從秦俑坑中已發現弩的完整遺跡判斷，秦俑所使用的弩至少有三種不同形制，而秦的弩應不止於此。

另外，秦俑坑內也出土數十萬件銅鏃，數量之巨，充分反映了強弓輕弩在秦代戰爭中的作用地位。這些銅鏃幾乎都是三棱形。鏃頭後安有圓形銅鋌。其中發現一種特大形型號的銅鏃，每支重量達100克，較其它銅鏃長一倍。這些銅鏃刃部有所變化，目的是增加殺傷力和穿透力。鏃頭的含鉛量往往高於其它兵器，這是爲了增大鏃的毒性。銅鏃製作工藝相當精密，三棱鏃的表面三個刃的長度誤差十分細微，其表面還有一層起防腐作用的鉻化物氧化層。俑坑內也發現極少數的鐵鋌銅鏃和鐵鏃，反映了秦代兵器已開始向鐵兵器過渡的趨勢。

鉞與殳有什麼特殊用途？

鉞，是一種形狀像大斧的砍殺兵器，它是由古戰斧演變而來的。刃多作弧形或新月形，刃身薄而寬，肩部有孔，可以橫綁在柄上。大約在公元前4500～2300年的新石器時代大汶口文化已出土有磨製精美的石鉞，陶尊上還有鉞的圖案。總之鉞發現的數量要比戈、矛少得多，說明其使用範圍有限，做爲兵器使用的時代也很短。夏代末年商湯就曾用鉞伐桀。

鉞又是一種顯示身分特殊的武器，起碼從商代起，鉞已經一身二任，它不僅被用作兵器，又是一種刑具，而且還被當作軍中統帥權威的象徵

物，這大概是鉞使用最興盛的時期。在河南安陽的婦好墓中曾出土兩件銘有「婦好」二字的大型青銅鉞，婦好是殷王武丁的一個妻子，曾做過帶兵征伐的主將。在她的墓中出土的大青銅鉞，長為39.5厘米，重達9,000克。鉞上鑄有兩隻凶惡的老虎，張口欲噬中間的一個人頭，顯得猙獰恐怖，這鉞便是她的權威象徵。《文韜》〈龍韜〉中記載，將帥在接受國君的出征命令時，必須舉行領授鉞的隆重典禮。程序是：國君命令太史鑽靈龜以卜吉日，到了吉日，國君先進太廟，面西而立。然後將軍入廟，北向而立。授權儀式開始，國君手持鉞，把柄遞給將軍說：「從現在起，上至高山，都由你統領管轄。」然後又拿起鉞刃一端交給將軍說：「從現在起，下至於深淵，都由你統帥管轄。」將軍推讓三次，而後受命。公元前十一世紀，當周武王率軍進入商紂都城朝歌近郊時，在一個即將黎明的時刻，周武王站在高台上，左手持金色大鉞，右手拿一面醒目的白色旗幟作戰前動員。紂王戰敗自焚後，武王「以黃鉞斬紂頭，懸太白之旗。」武王進駐商宮行登基禮時，「周公旦把大鉞，召公把小鉞以夾武王」，以表示輔佐武王統治國家。

正因為鉞可以象徵權威，所以後來鉞的武器作用逐漸淡化，而象徵作用日漸變強，演變成帝王及軍中的一種儀仗器具。除此而外，鉞還可以用作軍中的刑具。目前秦俑坑中僅二號俑坑試掘方發現一件銅鉞。通長17.5厘米，厚約1厘米，重2,150克，上部略小，刃部較寬，中間還留有夾木柄的痕跡，這件鉞主要用途仍不明。

殳雖曾是五兵之一，但在以往的兵器中並不多見，秦代殳更為罕見。殳在古文中作「杸」，是一種無鋒無刃的儀仗長兵器。《說文》〈殳部〉：「投殊人也，又兵器。」又據《釋名》解釋周代的殳「長一丈二尺，無刃有所撞桯至軍上特离也。」《周禮》注「殳，禮書作八觚形，或曰如杖，長丈二而無刃。主於擊。」看來早期的殳也是一種像杖一樣的無刃兵器。在周原地區曾出現過西周時期的殳頭，外形呈五角形器，高5.8厘米，重500克，呈球狀，中央有圓銎可以裝柄。春秋戰國的墓群中也多有出土。 秦俑坑目前出土銅殳30餘件，其中多出土於三號俑坑北廂房內，緊靠北臂的一束20件，出土時尚保存殘高1米左右的木柄。殳的外形多呈圓筒形，長1.05厘米，徑2.3厘米，面呈多棱角尖錐狀，銎深約5.9厘米，壁厚0.3厘米。係鑄造成型，後經銼磨、拋光。銅殳為立姿步兵俑所持，其姿態與持戟步兵俑相同。從成捆殳的出土和武士俑的手勢分析，三號俑坑中的武士俑都是手執長殳。據考證，三號俑坑是軍幕（即軍事指揮部），而手執銅殳的武士俑是擔任警衛任務的殳仗隊。三號俑坑的發掘證明，殳至少在秦代已從兵器演變為主要作為儀仗之用。三號俑的殳仗隊，是目前我國

考古發現最早的大型殳仗隊的形象記錄。

秦俑長兵器中的戈、矛、戟

　　秦俑所持的長兵器，種類主要爲戈、矛和戟。提起長兵器，首先使人想到周滅殷時的牧野大戰。此戰距今約三千多年，是我國史書上有明確記載最早的一次戰爭。當時從關中東進的武王在殷都附近的牧野向全軍命令道：「稱爾戈，比爾干，立爾矛，予其誓」。可見當時軍隊中的主要戰鬥兵器就是戈和矛。

　　戈是商周兵器中最常見的一種，也稱勾兵，是用來短兵相接的利器。從漢字構成源流看，凡爲征戰、兵器有關的字，多從「戈」旁。如「戰」、「伐」、「武」等字，莫不加「戈」旁，可見戈也是最早的兵器。根據戈柄長度可區分爲長、中、短三種戈。秦戈，在各地考古中多有發現，均爲銅質。秦俑坑目前僅一號俑坑內出土銅戈1件。長胡四穿，孤援無脊，刃內，內上有條形穿一，欄兩端有上下齒，未發現秘跡。這和其它幾種長兵器出土的數量相比，至少說明戈在秦代兵器中地位已不像商周時那麼重要了。這件戈首通長26.8厘米、援長16.4厘米、胡長12厘米。與秦戈相比，胡部長度增加，胡上的穿孔加多，這樣戈頭更加牢固地結合在秘上。另外秦戈的援的上、下刃和前鋒更加銳利了。

　　在商周，矛的重要性僅次於戈，矛是用於衝刺的兵器。是古代用於直刺，扎挑和投擲的一件長兵器。商代的青銅矛常常鑄成具有長「箭」和寬「葉」的形狀，在「箭」部兩側帶有半圓形的雙環，既可以把矛頭更穩定地固定在秘上，又可以垂掛漂亮的矛纓。秦俑坑已出土矛10件，9件爲青銅

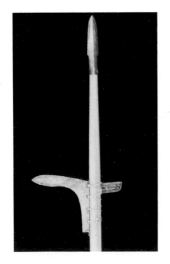

* 左下圖／戟
* 右下圖／秦俑三
　號坑銅矛出土情
　況（楊異同攝）

矛，1件爲鐵矛。以數量相比似乎透露出秦代矛作爲常用武器的地位已取代了戈，而成爲主要衝刺性兵器。秦俑青銅矛又分爲二型。一型通體寬扁且直，體的中部起脊，脊的兩側各有一道風槽，直刃前聚爲鋒。橢圓筒形骹，通長15.4厘米，葉長10.7厘米，寬3.2厘米。另一型則通長17.6厘米、葉長11.6厘米、寬3.2厘米。骹之兩棱同鋒刃對直，兩側有釘孔。製作規整，表面光潔，刃鋒銳利，泛青黑色。骹上刻有「寺工」二字。鐵矛則通體銹蝕，骹殘斷。屬長骹扁刃竹葉形矛。刃扁薄，下葉深圓，筒形骹，骹與刃相接處，截面呈突心長方形柱體。秦俑坑內雖然沒有出現持矛武士俑的擊殺動作，但在兩件步兵俑的帶鉤上，我們卻可以生動看到一步卒俑，右足前跨，左腿前拱，右腿後繃，身微前傾，奮力刺殺的動作。

秦俑坑中出土的另一種長兵器是「戟」。戟是一種在戈的秘頂有矛形尖刺裝置的兵器，少數戟是戈和刀的複合體，兼有戈、矛的優點，是可以刺、勾、斬，一物三用的兵器，威力較大。在蒿城台西的商墓中，發現了一柄銅戈的秘端裝有銅矛頭，它是目前出土年代最早的戈矛聯裝的「戟」。「戟」在戰國時縮小了直刺部分，戟內加長有刃，增強了殺傷力。秦俑坑目前出土銅戟4件，其形制和戰國時期相仿。其戟頭由一矛一戈聯裝而成。內部刻有「三年相邦呂不韋造寺工讋雲義工寫」等銘文，戟秘通長2.88米，成爲所有長兵器中最長的。從其演變史也可以看出，戟是一種結合攻守的兵器，但後來也成爲一種禮儀兵器，唐代凡官、勛、階都是三品的，均可立戟於門，所以稱顯貴之家爲「戟門」。

秦代騎兵服飾特色

在先秦軍隊中的主要作戰人員稱「甲士」，他們身著鎧甲，以便衝鋒殺敵時可以護身。甲衣即爲最重要的軍服。在秦俑中除各式步、車兵甲衣外，還有一種獨特的甲衣，即騎兵俑甲衣，顯然是一種經過改制的騎兵專用軍服。使人又聯想起趙武靈王的「胡服騎射」。春秋戰國時期地處中原的趙國，經常遭到北方匈奴等少數民族的襲擾，趙國軍隊運用傳統的車兵戰法已無法對付機動靈活的匈奴騎兵，因而屢吃敗仗。趙武靈王繼位後決心改變這種被動挨打的局面，對軍隊進行全面改革。他要全國軍民都改穿窄袖的匈奴服裝，學習匈奴騎馬作戰的戰術和訓練方法，以對抗匈奴的入侵。這就是歷史上著名的「胡服騎射」改革，實際上是以軍服外形的改變來說明這次改革。即將原來雙襟交輸於背，寬袖，長襦的中原服裝，改爲將雙襟掩於胸前右側，緊袖高領的上衣。這種仿自北方游牧民族的軍服，窄袖短袍，皮靴革帶，既耐寒又舉止靈活，便於騎馬射箭。當年胡服是什

麼樣子呢？並沒有留下系統的文字記錄，王國維在〈胡服考〉中說，胡服就是唐代的褶服。從唐墓出土的壁畫、陶俑、三彩俑的形象來看，褶服為圓領、右衽，雙襟掩於胸的右側，腰束革帶，衣長及膝。

讓我們回頭再看看秦騎兵服有何特色。秦俑二號坑出土的騎兵俑，他們頭戴圓形介幘，上面用朱色繪滿三點成一組的幾何形花紋，後邊正中繪一朵較大的白色桃形花飾，兩邊垂帶，帶頭結於頦下。，身穿交領右衽，雙襟交互掩於胸前的上衣，左壓右，左側的襟邊垂直於胸的右側，衣長齊膝，袖長達於手腕，窄袖口，腰束革帶。領、襟、袖口都鑲彩色緣邊。另外，在一號兵馬俑坑出土的個別中級軍吏俑中，也有穿此種外衣者，與上述胡服形制十分接近。不同的是胡服沒有配甲衣，而秦俑騎兵服則把甲衣與胡服揉和在一起，由125片固定與活動甲片組成。肩無披膊裝束，手無護甲遮掩，也沒有盆領。既保持了行動靈活又具備安全功能。下穿緊口連襠長褲，足登短靴。這一切無不表明完全是依騎兵的特點而考慮設計的。秦騎兵俑上衣和長襦的主要區別是：一是袖口較窄；二是衣的開口處不同；三是較短。長襦的雙襟特別寬大，左右兩襟交輸於背，幾乎把軀幹包裹兩周，變成了封閉式的圓筒形。穿著長襦，舉足抬腿都不方便，因而身穿長襦者乘車尚可，騎馬就難於抬腿上馬了。二號俑坑出土的騎兵俑的服裝，雙襟短小，前甲比將軍俑甲衣短45厘米，比車兵俑甲衣短25厘米，左右兩襟交掩於胸前，形成在胸的右側開口，這樣抬腿跨馬靈活自如，十分方便。二號俑坑出土的騎兵俑這種服裝與唐代的褶服相比，除領子不同外，其它基本相同，當為戰國時趙武靈王胡服騎射的進一步改進和演變。

• 高級軍吏俑花結特寫（夏居憲攝）

秦俑的「冠」有什麼秘密？

　　秦兵馬俑坑既是一個龐大的地下軍陣，那麼這支軍隊中一定有各級軍
吏俑，他們有沒有軍銜？又何以區分官階高低呢？這些秘密都和軍吏俑的
冠戴有直接關係。提起冠之重要，不禁讓人想起古人二十而冠，要行冠
禮。而子路就是為了護冠，寧願付出生命作代價。可惜孔子的這位得意門
生在衛國一場內亂的搏鬥中死去。可敬地是他在生命危急的時刻，不是先
打退敵人，而是先從容不迫地拴上被刺斷的冠帶，還說道：「君子死，算
不了什麼，冠卻不能丟掉！」就在他半跪在地上拴冠帶的時候，敵人乘機
上前亂戈亂矛地將他刺死。可見古人對冠重視到什麼程度。至今陝西關中
風俗中仍流傳著「欺人不欺帽（冠），打人不打轎」的說法，原因就在於
「冠」是一個人身分地位的主要標誌。

　　後人通常把冠解釋成帽子，這種講法並不準確，也太籠統，不過是以
兩者都可以戴在頭上的角度來講的。其實，冠同後世的帽子在形制上有很
大差異。冠並不能像帽子那樣把頭頂全部罩住，而是用一個冠圈套在髮髻
上，上面有冠梁，自前向後覆在頭頂上。冠最初的用途是要管束住頭髮，
同時也具裝飾作用。後來成為身分地位的標誌。戴冠時要先把頭髮在頭頂
上盤成髻，並用髮卡和髮繩把髻固定腦後，然後加冠。再用冠圈兩旁的絲
繩在頷下打結，把冠固定在頭上。這兩根絲繩就叫纓。纓打結後餘下部分

垂在頷下叫做緌，也是一種裝飾。用一根絲繩兜住頷下，兩頭繫在冠上的方法，這種絲繩就叫紘。《史記》〈廉頗藺相如列傳〉中說，藺相如「怒髮上衝冠」，指的是相如極度氣憤以至頭髮的晃動連帶著冠也在晃動，而不是指頭髮頂起了帽子。

秦漢時代，人們對帽子的統稱為「頭衣」或「元服」，按身分高低分為貴族百姓兩大類。貴族所戴的頭衣又分為冠、冕、弁；一般百姓所戴的頭衣為巾、幘。戴冠是貴族男子的專利，到二十歲要舉行冠禮為成人的標誌，所以冠禮的儀式十分隆重。秦始皇就是在祖廟行冠禮以後，才運用合法執掌國事之權，以迅雷不及掩耳之勢，平定了母親趙姬和長信侯嫪毐發起的宮廷政變，才完全掌握了秦國。

從秦俑坑出土的陶俑頭部的飾物來看也是如此，作為一般兵士絕大多數都沒有戴冠。而軍吏俑、御手俑、騎兵俑和個別武士俑則戴冠。冠成為秦俑身分高低的主要標誌之一。一般頭戴單版長冠者為下級軍吏俑，頭戴雙版長冠者為中級軍吏俑，頭戴雙尾鶡冠者為高級軍吏俑（俗稱將軍俑）。冠都是單獨雕塑後再粘接在頭頂的。

表示高級軍吏身分的鶡冠，是由冠頭、冠尾、冠室和冠帶四部分組成。冠頭近似方形，為一雙重的折疊平板做成。冠尾分為雙歧，左側一枝呈「S」字形卷曲，右側一枝呈螺旋形卷曲一周，為喇叭口狀。冠尾的下面連接冠室，冠室呈長方槽形，兩端各刻有一圓餅形薄片封堵。髮髻的頂端罩於冠室內。有一環形帶，後攀於腦後的髮髻上，前邊壓在冠頭上，環帶的左右兩側各結一條長帶，順著面的雙頰繫結頷下，帶尾垂在胸前。

長冠是下級軍吏俑、中級軍吏俑和御手俑，和部分車右俑以及秦陵封土西側一大型馬廄坑出土的圉師俑所戴，形如板，狀如鵲尾，統稱為長冠。下級軍吏俑和御手俑車右俑和圉師俑的長冠形狀如梯形板狀，尾部有冠室，前有冠帶用以縛冠；中級軍吏俑的冠形與下級軍吏俑和御手俑相似，只是在冠板的中部有一條陰刻縱線，表示由雙板拼成，所以被起名雙版長冠。

介幘為部分鎧甲武士俑所戴，其形如圓丘，頂部略偏右側凸起呈圓錐形，下部好似覆體。戴時前至髮髻，後至腦後，左右至耳根，幾乎把頭髮和髻全部罩在幘內，所以和冠根本不同。幘的後緣上，大都開有一個三角形的叉口，叉口的兩側各有一條組帶，兩條組帶互相縮結使幘緊束頭上。幘質地似較輕軟，猶如單層布帛作成。據現存的顏色痕跡可知，幘大多為朱紅色。介幘是在俑頭上覆泥雕刻而成。

弁則是騎兵俑的標誌，以皮革製成。先把頭梳六股寬辮形扁髻貼於腦後，再戴上弁。弁的形猶如覆體，冠赭色，用朱紅色繪著三點一組的梅花

形散點式紋樣布滿全冠。冠的後側正中繪一朵較大的白色桃形花飾。冠上無折紋，質地似乎硬直。因為這種皮製小冠的形制類似古代的弁，似為秦代騎兵專用服飾，所以又叫皮弁。騎兵俑的皮弁是在俑頭上另行覆泥，再加以雕刻製成的。

秦俑的甲衣

在冷兵器時代，作戰時雙方手中持有戈、矛、刀、劍等武器，進行面對面的廝殺。將士們為了保護自己，必須戴盔穿甲。盔，在古代叫做冑，形狀似帽，用來保護人的頭部；甲，又稱介或函，形狀類似於衣服，用來保護人的身體。甲冑的發明傳說是受動物「孚甲以自御」的啟發，模擬著動物保護軀體的甲殼，人們也在自己身上披裹東西用以保護自己。所以，盔甲是一種護體裝備，同時又是古代軍服，用來表明軍階的高低。

秦俑渾身都是謎。以俑身所著的甲衣來說就多達六種以上。戰國時代常以「帶甲」多少，來衡量一個諸侯國家的國力強弱。甲衣起初簡稱為甲，多以皮製成，後來又有金屬做的甲叫做鎧。據說甲是在夏朝少康子杼和東夷作戰時發明的（《事物記原》卷九）。不過目前考古發現最早的實物資料是安陽1004號墓中出土的殷代皮甲。原始的甲都用皮革製成，之後出現了青銅製的胸甲。戰國中期出現了鐵甲，這是由前期的皮甲、布甲、銅甲演變而來的。我國古文獻中有不少對使用銅、鐵製造的鐵甲、護臂和護腿的記述，同時還記述了保護驟馬的馬甲。秦漢以後甲叫做鎧。西漢時鐵甲又稱為「玄甲」，因鐵是黑色金屬而得名。

如果就秦俑所著的甲衣來看，可分為武士甲衣、下級軍吏俑甲衣、御手甲衣、中級軍吏俑和高級軍吏俑和騎兵俑甲衣共六種。

武士甲衣形制最簡單，一般由前甲、背甲和披膊三部分構成。前甲豎8排，上下旅各4排，背甲豎7排，上旅4排，下旅3排，橫7排。前甲和後甲的上旅部分均為固定甲片，下旅及披膊部分均為活動甲片。上旅與下旅採取不同的編綴方法，可以使腰部、手臂部位不受約束，活動自如。下級軍吏俑的甲衣與武士甲衣形制基本相似。只是扎葉略多而已。前甲豎11排，上旅8排，下旅3排，橫7排，背甲也是11排，比武士甲多3至4排。以顯示士卒與軍吏身分的區別。

目前出土屬於中級軍吏的甲衣又分為兩種，一種是車兵軍吏俑的甲衣，它由前甲和兩條交叉的背帶構成。這種甲衣既沒有背甲，也沒有披膊。只是在前甲上邊綴有兩條背帶，通過左右肩部於背部相交叉，然後與前甲下邊的絲帶相連接，前甲四周並有貼邊。有的文章中稱之為「前搭

型」，認爲其特點是保護胸部。這種甲衣既著眼於車兵俑、軍吏俑的戰術特點，又體現了車兵軍吏俑的特殊身分。再一種是步兵軍吏俑的甲衣，它由前甲、背甲和披膊構成。前甲及背甲的上部均爲整塊皮革。前甲胸部以下綴有甲片11排，背甲腰部以下綴有甲片13排。前甲、後甲的四周均有較寬的貼邊，披膊一般較武士甲衣寬大，四邊也有較寬的貼邊。

　　御手甲衣除標誌身分外，更重要的是根據不同車御的戰術特點製作的。一號俑坑的革車後御手所著甲衣，形制與下級軍吏俑的甲衣基本相似，只是缺少披膊。而二號俑坑出土的輕車御手，其甲衣由盆領、臂甲、手背甲和前後甲構成。尤其臂甲長至手腕處。手背還有護手甲，整個手臂幾乎全部罩了起來。身甲也長達80厘米，僅次於將軍甲的長度。這種形制的鎧甲完全是著眼在輕車兵的戰術特點。

　　甲衣中最爲講究的是高級軍吏俑（俗稱將軍俑）的甲了。其甲衣由前甲、背甲和披膊三部分構成。前後甲的胸部和背部均爲一整塊皮革，皮革之下分別綴有11排、9排甲片，披膊也似由一整塊皮革製成，沒有甲片，在前甲與背甲的上部分別挽著8條花結狀的條帶，每個條帶上還勾勒著紅、綠等不同色彩的單線條幾何圖案。類似的彩繪條帶不見於其它甲衣。將軍甲

四周的彩繪貼邊也不見於其它甲衣。將軍甲不僅扎葉小，編綴密集，而且甲片形狀也有別於其它。甲衣上旅甲片略呈方形，下旅甲片近似三角形。甲片最小，扎葉最多。外型最美觀，防護性能也最好。

秦俑身上的各式鎧甲據初步考察，製作方法多樣。有的是在俑的粗胎上直接刻雕，有的是在粗胎上先覆一層細泥，然後雕刻，有淺浮雕的效果。甲片的疊壓關係清楚，形象逼真、質感和立體感都很強。甲片上的甲釘，一種是單獨製成後粘接於甲片上的；另一種是在甲片上挖一圓孔，把泥丸推在圓孔上，用模押印出甲釘帽及其花紋的。連甲帶則是用模單個另製，再粘接到甲片上的，再覆上平行的數條陰線紋。

秦俑鞍馬與馬鞍的歷史演變

馬鞍是供人騎坐的器具。秦俑坑出土的116匹鞍馬馬背上部都雕有鞍韉。其兩端略微隆起，中部下凹，鞍面上雕有鞍釘，似為皮革質套固定在鞍面，鞍面為白色，質地似為皮革。同時韉的周圍綴有流蘇和短帶，鞍後有鞦，下有肚帶，遺憾的是未配馬鐙。這是鞍的雛形，屬於低橋鞍。

馬鞍的考古最早發現在阿爾泰地巴澤雷克古墓（屬公元前4～5世紀），這是目前出土最早的馬鞍，它由兩個大皮枕組成，用狹長的木架固定，為木質鞍的前驅；漠北諾顏山匈奴6號古墓（屬公元前一世紀至公元一世紀）有殘破的木馬鞍；米努辛斯克地區有屬於公元一世紀初的木質馬鞍；灃西客省庄（漢長安城南上林苑中）140號墓（可能為匈奴使臣墓，時間大約在戰國末到漢武帝以前）中，有一長方形透雕銅飾，上有兩匹騾子，都彎鞍。這些表明，匈奴使用馬鞍甚早。中原地區馬鞍的出現可能在

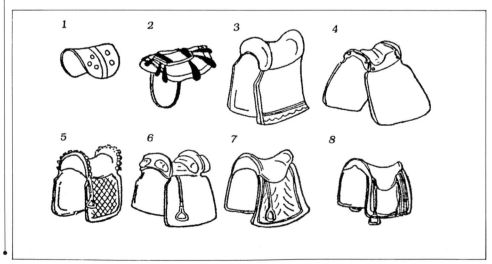

- 馬鞍具演變示意圖
1. 戰國銅鏡上的馬鞍圖象
2. 西漢初期陶馬的馬鞍圖象
3. 西漢後期銅車飾上的馬鞍
4. 東漢雷台銅馬馬鞍
5. 西晉陶騎俑的馬鞍
6. 東晉陶馬的鞍
7. 北齊陶馬的鞍
8. 唐石馬鞍

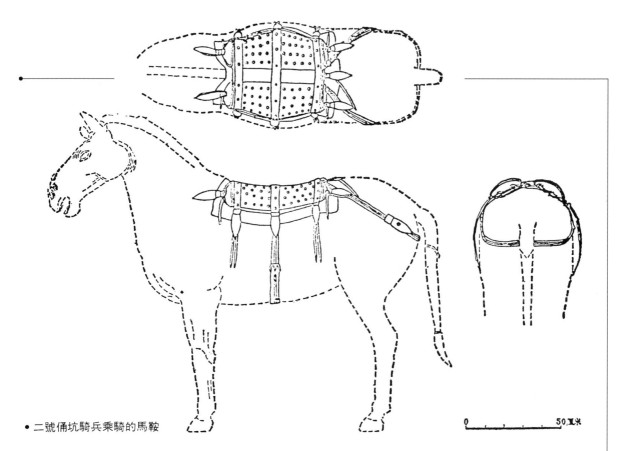

• 二號俑坑騎兵乘騎的馬鞍

春秋中期。因爲《春秋》中記載，公元前589年，晉齊兩國爭雄，會戰於鞍，即著名的「鞍之戰」。鞍爲地名，在今山東省濟南市。從而推論春秋時中原可能已出現有雛形鞍。西漢初年陝西咸陽楊家灣的大墓出土的騎兵鞍馬的鞍，鞍橋仍很低，僅較秦鞍多了胸帶。西漢後期馬鞍已有了鞍橋，馬鞍到了晉代已發展成熟，這時馬鞍，鞍下有韉，鞍有鞍板，板上前後有鞍橋，但前後鞍橋與鞍板的脊線相垂直，而橋肩已爲拱形，至此中國式的馬鞍已有了基本形制。唐代又出現橋向下傾斜的馬鞍，更便於騎乘。至此馬鞍形狀基本定型。以後的鞍具的製作主要在造型上追求典雅，以及更加富麗堂皇了。

鞍與鐙，在今日常被相提並論，然而，馬鐙比馬鞍至少要晚一些。在米努辛斯克地區發現的公元一至二世紀的小型金屬馬鐙，是我們現時所知最早的實物；又如顏山匈奴6號墓中的殘破木馬鞍，有穿馬鐙的孔洞，說明當時的墓主已使用馬鐙；再有，客省庄140號墓中的那塊透雕銅飾中，有一匹騾子的鞍旁下垂一物，像是馬鐙。但這些都是匈奴人的遺物。秦俑坑出土的鞍馬並未見馬鐙。現在知道漢人最早使用馬鐙時間是在公元302年，即湖南長沙西晉永寧二年墓中出土的3件騎馬青瓷俑隨葬品，發現馬鞍在前側處作出三角狀鐙，但這還不是單鐙。遼寧北票西官營子發掘了北燕馮素弗墓，獲得了雙鐙實物資料。馮素弗死於太平七年（415年）。南北朝以後，

馬鐙的形制逐漸變化，最後形成更便於鐙踏的馬鐙。隋唐時馬鐙又有改進。馬鐙的使用使騎兵更容易控制和馴服馬匹，並且使人騎在馬上較爲舒服、穩固、省力，同時得以使騎兵和戰馬完整結合，使複雜的戰術動作和列陣訓練變得更加容易，能充分發揮甲冑和兵器的效能。中國發明的馬鐙進入歐洲後，促進重甲騎兵的發展，也有助封建騎士階級的形成，對歐洲中世紀的歷史產生淵遠流長的影響。正如世界著名科技史權威，英國的李約瑟博士所說：「只有極少的發明像腳鐙這樣簡單的東西，但卻在歷史上產生了如此巨大的催化影響。就像中國的火藥在封建主義的最後階段幫助摧毀了歐洲封建主義一樣，中國的腳鐙在最初幫助了歐洲封建制度的建立。」

秦俑爲何「科頭免冑」？

古今中外的大多數軍隊，在戰場上都要戴上防禦用的盔甲。盔即頭盔，中國古代又稱冑、首鎧、兜鍪、頭鍪。傳說盔在黃帝時就有了。從雲南滄源的崖畫來看，遠古時代的戰士頭上插的顯然是羽毛裝飾的動物角，這種裝飾即是審美心理的需要，也是藉以威鎮敵人。這是古代戰盔的雛形。到了殷周出現了青銅頭盔，盔形大致與現代鋼盔相似。春秋時期頭盔多爲皮製。戰國中期就出現了用小塊鐵甲片編綴成的兜鍪，又有青銅澆鑄成各種獸面形狀的頭盔，有的在頂端樹一銅管，作插鶡尾，稱爲「武冠」。

根據雲夢睡虎地秦墓出土的竹簡及有關古文獻來看，秦軍裝備是有頭盔的。另外從俑坑出土部分重裝步兵俑髮飾爲腦後扁髻者來分析，這種扁髻便於戴盔。可是秦俑坑目前出土的兩千多件陶俑卻沒有一個戴頭盔，是否即史書上所謂的「科頭免冑」呢？秦俑又爲何「科頭免冑」呢？這個問題尚待探討。一般認爲秦國自商鞅變法以來，秦國軍隊打仗比山東六國軍隊勇敢。《戰國策》〈韓策〉說：「山東之率，被甲冒冑以會戰，秦人捐甲徒裼以趨敵，左挈人頭，右挾生虜。夫秦卒之與山東之卒也，猶孟賁之與怯夫也，以重力相壓，猶烏獲之與嬰兒也。夫戰，孟賁烏獲之士以攻不服之弱國，無以異乎墮千鈞之重，擊于鳥卵之上，必無幸矣」。秦人打仗時不僅「捐甲」，而且免冑，「秦帶甲百餘萬，車千乘，騎萬匹，虎摯之士，跿跔科頭貫頤奮戰者，至不可勝數也！」「科頭，謂之不著兜鍪入敵。」（《史記集解》裴駰註釋）那麼秦俑坑中這些免冑將士，不就是秦代「科頭」銳士的再現嗎？

秦軍爲什麼這樣勇猛呢？《荀子》〈議兵〉說：秦人治軍，「扼而後用之，得而後功之，功賞相長也。」就是說，一切利祿爵位皆依據於戰

●武士俑

功。有功者受獎，無功者雖富也不得顯榮，秦的宗室貴族若無戰功，不得入屬籍（家族名冊）。另外，秦軍中還推行什伍連坐法，一人違犯軍紀，同什伍的人均受到株連，使人走無所處，退無所生。在重賞嚴刑之下，秦的三軍之眾，從令如流，死不旋踵，與山東六國相比，當然戰鬥力最強了。捐甲、免胄與敵會戰，表現出了秦軍「勇於公戰」的大無畏精神。

秦俑上衣下裳的特色

　　《左傳》中有這樣一則故事，昭公元年，鄭國大夫徐吾犯有個妹妹長得很美，公孫楚已經下了聘禮要娶她，公孫黑又硬託媒人送彩禮上門。徐吾犯覺得兩邊都不好得罪，就把這為難的事報告給執政大夫子產。子產說：「讓你妹妹自己選一個吧。」徐吾犯就對兩個求婚者說，要他們在妹妹面前亮個相，妹妹看中誰就是誰。兩個人也都同意了。公孫黑先上場，他穿著華麗的服飾進來，放好了彩禮才出去。公孫楚穿著一身戎裝進來，左右開弓，趄趄武夫，氣宇軒昂，然後一躍上車而去。姑娘在房中觀看，說：「公孫黑確實很漂亮。而公孫楚身著戎裝有男子漢的氣概。丈夫要有丈夫氣，妻子要像妻子樣，這才順當。」她嫁給了公孫楚。

公孫楚身著的自有陽剛之美的戎裝是什麼樣子，我們一看秦俑身上衣服便不難想像。秦俑身上的衣服大致來講可分為上衣和下裳兩大類。上衣分為內、中、外三種，其中外衣又可分為有長襦、短襦、褶服；內衣又可分為中衣、汗衣等；下裳有褲、行縢、絮衣等。另外，秦俑的腰際飾有腰帶，足下飾有履和靴。

　　長襦為多數陶俑所穿，長度到膝，高級軍吏俑穿的長襦為雙重，中下級軍吏俑和一般武士俑則穿一重長襦。兩者的形制基本相同，均交領右衽，雙襟高大，幾乎把身體包裹兩周，長度達到膝蓋或膝下。襦衣就其單複而言，又有襌襦、複襦的區別。有表無裡的叫襦，有表有裡的叫做複襦。秦俑身上的襦衣，質地顯得很厚重，似為複襦。長襦，秦漢時又名褐衣，短褐，或簡稱曰褐。短襦樣式同長襦，比長襦短四分之一。穿短襦便於活動。褶服即為胡服。汗衣也叫汗襦，樣式只知為小圓領，質地單薄似為貼身單衣。個別陶俑身穿雙重長襦，內重長襦似為中衣，中衣比外衣略長一些。

　　秦俑坑出土的陶俑下體均著褲。褲的形制有兩種，一是長褲，又名大褲，二是短褲，又名小褲。長褲褲管長及足踝，褲管口都緊束足，好像是用緊口帶束紮。長褲的質地厚重，好像裝有綿絮，當為複褲。長褲主要見於高、中級軍吏俑及騎兵俑。其它陶俑均穿短褲。短褲的褲管較短，只能蓋住膝部，脛部裸露在外。袍俑以及少量甲俑，脛部都紮著行縢，即用條帶形的布帛螺旋形由足踝向上右旋纏紮至膝下，上端以組帶束紮。甲俑和御手俑脛部大都套有護腿。護腿呈圓筒形，下自足踝上到膝下，把小腿全部套於護腿內，這是一種防護裝備，當名絮衣。

　　秦俑上下衣的顏色有大紅、粉紅、玫瑰紅、粉綠、粉紫、白、藍等顏色。其中長襦以粉綠色為最多。秦俑服飾顏色的多樣化特徵與它的來源問題有關，因為秦代軍人的服裝不是國家統一製作，而是從軍者自備。秦俑服飾實際反映了秦時民間多裝的服飾特點。

　　秦俑坑出土的武士俑的腰際都淺浮雕著腰帶，質地顯得硬直厚重，推測原實物可能為革帶。這些革帶有寬窄兩型，寬的一般寬約4～5厘米，窄的一般寬2.7～3.5厘米。有的革帶兩頭兩交，用類似於圓形暗扣相繫結；有的一段有帶鈎，另一端有小孔，兩端相接以帶鈎相連；有的相接處既看不到帶鈎也看不見圓扣，尚不知是用什麼方式繫結的。至於秦俑腰帶上的帶鈎造型更是豐富多彩，有的為斧形，有的為蟠螭形，有的為飛鳥形，有的為琵琶形，有的為鏟形，有的為棒形。最為生動的是發現3件帶鈎造型作武士持兵器奮擊作衝殺狀。武士身高3.1厘米，前腳著地，後腳蹬地，前腿拱，後腿繃，雙手握長兵器，似正奮力衝擊。鈎首作人頭狀，象徵被刺的

對象。構圖生動，寓意深刻，充分襯出武士英勇的風貌。

秦俑坑出土的武士俑大都穿履，其質地似爲麻。其形狀爲薄底、淺邦，後高前底，前端有方形蓋瓦，整體呈舟形。口部有的鑲著彩色口緣，履根後部及左右兩側的履邦土各有一紐鼻，綦帶貫穿紐繫結於足踝前。從出土的履上的殘色跡來看，有的履爲黑色，有的爲褐色。口緣和綦帶有的爲朱紅色，有的爲粉紅色。這些履可分爲方口齊頭履、方口圓頭履和方口齊頭翹尖履。

秦俑二號坑出的騎兵俑，足下一律穿靴；秦俑一號坑出土的部分鎧甲武士俑，足上也穿靴。其質地似用兩片皮革合成的單梁半高筒靴，也有紐有綦。《說文解字》上說：「鞮，革履也。」《韵會》說：「胡人履連謂之絡鞮」。那麼順理成章，作爲靴自在胡服之內，儘管我們未見到秦靴的具體資料，但一看秦俑腳上的靴就對此有了認識。這些靴的形狀爲薄底、深壅、單梁、圓頭、短筒。通筒高15厘米。有的爲圓頭、有的翹尖。據殘色跡分析，大部分爲朱紅色，其餘爲粉綠和粉紫色。從秦俑腳上所穿的履和靴說明了秦時胡服與漢服雜用的歷史現象，也反映了當時民族之間的文化交流和融合。

秦俑軍陣中的鐘鼓之謎

在秦俑軍陣中，除了兵馬、戰車和兵器外，還發現了銅甬鐘和鼓跡。軍陣中要鐘鼓作什麼用？原來通訊設備是軍隊中重要的裝備之一。在沒有現代化電訊設備的古代軍隊中，採取那些方式來進行聯絡呢？據《孫子兵法》〈軍爭〉說：「言不相聞，故爲金鼓，視不相見，故爲旗幟」。旗幟、鼓點、金聲、號角、燈火則成爲古代戰場上主要的通信聯絡信號和指揮手段。早在《管子》一書中，就有以旗、鼓、金作爲「三官」。一曰鼓，鼓所以住也，所以進也；二曰金，金所以坐也，所以退也，所以免也；三曰旗，旗所以立兵也，所以制兵也，所以偃兵也。此所謂立官。有三合，而兵法治也」。

目前，在秦俑軍陣中雖沒有出土鼓，但已發現了鼓跡和銅甬鐘。1978年一號俑坑第一次發掘期間，曾在戰車附近清理了兩面鼓跡；1980年一號俑坑第二次發掘中又在戰車附近清理出了五面鼓跡。從鼓跡上來看，鼓似爲橢圓形，鼓面直徑分別爲50至55厘米，高9～10厘米。鼓面似爲皮革，周邊有9厘米寬的弧形斜面。斜面上發現有褐色漆皮，上有紅、綠線條彩繪。周邊上還釘有骨製小釘，使鼓面皮革鑲嵌得更加牢固。鼓壁上有三個等距離帶柄銅環，有的還有皮革之類的細繩，表明在平時或行軍的時候，鼓往

• 跪射武士俑

往是懸掛在戰車上。有的鼓旁還發現了木質鼓槌，其前端為橢圓形，後為60厘米的木柄，鼓槌通長68厘米，通體塗漆。按一般慣例，擊鼓就是命令前進，不許後退。鼓聲不止，立即展開進攻；鼓聲大作，就要拼死進攻。所以從戰國就有「一鼓作氣，再鼓而衰，三鼓而竭」之說。由於戰鼓的基本作用都是指揮部隊前進或進攻，所以直到現在我們還常用的「鼓勵」、「鼓舞」、「鼓動」、「鼓譟」等詞彙，其含義都是來自古代戰爭中戰鼓的這種「擊鼓而進」的指揮職能。

同時與鼓跡伴隨出土的常有一個小銅甬鐘，身長10厘米，鉦高10.5厘米。甬中空，甬中部有弦紋一道。鉦間飾蟠螭紋，內壁光素。重2300克。這就是秦代的金。在秦漢以前，金的本義是銅，特別是加有銅錫合金的青銅。金與戰鼓一道用於軍陣之時，也就是起「節」與「止」的作用，如《詩經》〈小雅·采藝傳〉說：「鉦以靜之，鼓以動之」。後來又有「擊鼓進軍，鳴金收兵」之語。可見，很早以前軍陣中就以擊鼓為進，以鳴金為節制：鳴金一聲，停止運動；二聲，各自退回原處；三聲，轉身向反方向行進。

秦俑坑由於目前發掘資料有限，很難瞭解其指揮系統全貌，尤其是目前尚未發現旗幟的痕跡。據史料記載，秦軍在行軍作戰中是使用旗幟的，我們相信隨著秦俑坑考古發掘的不斷進展，是有可能發現秦旗的遺跡的。

• 上圖／樂府鐘1976年出土，鐘通高13厘米，鉦和鼓部飾錯金銀蟠螭紋，篆間飾錯金流雲紋等，鐘上刻有「樂府」二字，是我國考古史上唯一能證明秦代已有「樂府」的稀世之寶，可惜在1985年時被盜，今下落不明。

• 右圖／銅甬鐘（楊異同攝）

第五章　秦俑軍幕之謎

一、二號俑坑屬於實戰的軍陣，三號俑坑似爲統帥一、二號俑坑軍陣的指揮部。這些俑坑在秦陵陵園東側組成完整的軍事編列體系。三號俑坑是兵馬俑坑中最小的一個，它東西長17.6米、南北寬21.4米、深5米許。面積僅爲330平方米，不到一號俑坑面積的四十分之一。

作爲古代軍陣指揮部完整的實物形象資料，三號俑坑是迄今爲止世界考古史上唯一的發現。它的獨特建築布局、車馬特點、陶俑排列、兵器配備、奇異的卜戰儀式，都是研究古代戰爭及出戰儀式等方面的珍貴資料。

地下軍幕重現威儀

1976年5月11日，考古人員經鑽探又在一號俑坑的西北側25米處，探出第三個俑坑。經1977年的試掘和1989年的正式發掘，發現這是一個在形制和內容上完全不同於一、二號俑坑的坑。三號俑坑終於在1989年9月27日一覽無遺地展現在我們面前。

被稱爲軍幕的三號俑坑呈奇異的「凹」形平面布局，它的內部複雜奇特。其東壁中部爲一條長11.2米、寬3.7米的斜坡門道，與門道對應的爲一東西長5.8米、南北寬3.9米的車馬房。在車馬房左右兩側各有一南北向長廊，長廊兩邊各連接一廂房。之所以稱其爲廂房，是在長廊和車馬房相接處發現有朽木門楣的遺跡。門楣經過髹漆處理，並裝有等距離環首銅釘四件。根據遺跡推斷，門楣上的環首銅釘當是懸掛帷幕之用，繼之推斷當時車馬房進入南廂房人口處是懸掛著帷幕的，借以將兩個空間相隔成各自獨立的狀態。而北廂房也與南廂房相同，門楣、銅釘遺跡俱存，只是建築形制稍微簡單。南廂房平面呈「土」字形，由前廂、甬道、前室、後室四部分構成。北廂房平面呈「丁」字形。

三號俑坑出土的陶俑人爲破壞嚴重，奇異的是修復好的陶俑大部分沒有頭。陶馬的馬頭同樣也都殘缺不全，甚至有的連殘破陶片也不見蹤影。這一切都是何時何人所爲，至今爲謎。坑內僅出土戰車1乘，陶質武士俑66件，青銅兵器35件。

三號俑坑南北廂房內出土的陶質武士俑的排列與一、二號俑坑內陶俑的排列迥然不同。一、二號俑坑內的陶俑排列均面朝東方（一號俑兩側及西端的環衛俑例外），而且均以戰鬥隊列編排，完全體現了「士有什伍，車有編列」的戰術原則。而三號俑坑內計出土的步兵鎧甲俑不作戰鬥隊形的排列，而作儀衛式的列隊。它的特點是兩兩相對，作夾道式排列。在南

• 秦俑三號坑剛發掘之
　情況（楊異同攝）

邊的長廊及甬道和前後室內，有陶俑40件，北廂房內有陶俑22件，除排頭兩件外，餘均相向，作夾道式排列。這表明三號俑坑不像一、二號俑坑那樣是按戰鬥隊形編組，很可能是保衛室內統帥的部隊。且人數不多，布局不大。66件武士俑的裝束和裝備也不同於一、二號兵馬俑坑。一、二號俑坑出土的陶俑有的頭挽髮髻，外罩軟帽，有的梳扁髮，貼於腦後，而三號俑坑內出土的陶俑有的手持長劍，有的手執長戟，有的手執弓弩、背負銅鏃，有的手執吳鉤，武器配備呈現多樣化特點，而三號俑坑內的武士俑每每手持長殳。其武器裝備具有單一化特點。三號俑坑出土的30件殳，屬古代一種無刃禮器，三號俑坑兵器裝備特點似乎與古代儀仗有關。

　　三號俑坑的車馬房內，出土木質戰車1乘，這乘車的形制與一號俑坑發現的戰車明顯不同，車輿不僅彩繪著華麗而鮮豔的文飾，同時還有一個直徑為42厘米的彩繪華蓋。戰車上沒有兵器，也未發現金、鼓之類的指揮器械。俑的數量也同於一號坑，均為4件俑。中間的御手俑和軍吏俑呈一前一後排列，其餘兩件車士俑位於左右兩側。軍吏俑身穿短褐，上披彩繪花邊的前胸甲，頭戴單尾長冠，右臂微舉，手作揮劍狀。從冠式、鎧甲、手勢分析、其身分應高於御手，但似乎又低於一號俑坑車後站立的高級軍吏俑。

　　在我國古代戰爭史上，春秋時代就有一種4人乘坐的指揮車。三號俑坑

• 秦俑三號坑

• 秦俑三號坑南廂房全景

• 秦俑三號坑展廳開幕典禮一景。（楊異同攝）

的戰車無疑屬於這一類形。袁仲一認為：「三號俑坑的車位於部隊列的最前端，似為前驅車，又可名為先驅車，行軍時導行在先，作戰時挑戰先驅。」

三號俑坑北廂房正廳內發現殘鹿角1件，動物朽骨一堆。這在已發掘的一、二號俑坑內都沒有出現過。那麼這些鹿角之類的遺物是作什麼用的呢？這正好反映了古代戰前舉行的卜戰儀式。

秦兵馬俑三號坑，以其出土的遺物、遺跡來看，與一、二號俑坑基本相同。表明一、二、三號俑坑應是同時製作，有機聯繫的一個整體。但其面積較小，形制特殊，坑內武士相向夾道排列與戰鬥隊形顯然不同，武士又手執禮儀兵器殳等，一系列跡象表明三號俑坑是個具有特殊性的俑坑。據以上理由，考古界專家普遍認為三號俑坑為統帥一、二號俑坑的指揮部，古名軍幕、幕府或帷幄。三號俑坑是我國目前發現最古老軍幕的形象記錄，它展現了秦統一中國軍隊指揮部的風貌，對研究秦國軍事指揮系統具有重大意義。

什麼叫軍幕？軍幕就是指揮軍隊的幕府。《資治通鑑》〈秦紀一〉對幕府解釋為：「師出無常處，所在張幕居之，以將帥得稱府，古稱莫府。莫與幕同」，軍幕簡單地說就是用帳篷搭起來的前線指揮部。我們從三號俑坑中可以看到軍幕內分為若干單元，整個軍幕布置細緻精巧。每個單元都用帷幕隔開，顯示出秦軍軍幕的精幹。車兵執轡待發，警衛俑表情嚴肅，手執銅殳，嚴守著指揮部的安全，開戰前的卜戰儀式正在進行，整個軍幕充滿了戰前的緊張氣氛。

卜戰儀式的奧秘

翻開《太平御覽》有這樣一個記載，當年燕太子丹令荊軻刺秦王時，連天象都發生了奇異的變化：一道白虹，平地而起，彷彿要向太陽穿過去。太子丹送荊軻去秦國以後，又去仔細察看白虹貫日的景象。結果發現，白虹貫日雖是貫了，卻只貫成一半，並沒有貫穿日頭。他嘆息地自言自語說：「我的大事不成了！」後來聽說荊軻刺秦王未成，反而負傷就死。又說：「這事我早就知道了。」這就叫「日占」，是根據太陽中出現的某種罕見的天象占卜。

占卜在我國起源很早，是由原始的相信預兆迷信轉化而來的。《說文》解；「占，視兆也，以卜曰」，「數筮而知禍福也」，可見「占」是和預兆密切相關聯的。「卜」是我國殷代盛行的迷信形式。《說文》解：「卜，灼剝龜也，象灸龜之形」，即是用火燒甲殼，察看其龜裂橫豎紋以

測吉凶的一種方法。占卜的形式大多被用於戰爭中預測吉凶。正如《史記》〈龜策列傳〉所說：「自古聖王將建國受命，興動事業，何嘗不寶卜筮以助善！蠻夷氐羌雖然君臣之序，亦有決疑之人。或以金石，或以草木，國不同俗。然皆可以戰伐攻擊，推兵救勝，各信其神，以知來事。」常用的占卜方式主要有使用獸骨、龜甲，以鑽鑿和燒灼的方法使其出現裂紋，再看其裂紋的長短、方向來預測吉凶，後人稱此為龜卜。另外還有卦卜、筮下、天占、日占、月占、星占、風角、雲氣、夢占等方式。

三號俑坑北廂房正廳內發現的殘鹿角1件，動物朽骨一堆。正好反映出古代戰爭前軍幕內的卜戰儀式。

占卜是古代軍隊中利用鬼神以求福佑的一種方式。由於戰爭從來就是殘酷的，戰爭中一次又一次血淋淋的現實，會使一些軍事家或一般軍士有所震悟，有所清醒，感到神佑無效，占卜不靈。既然如此，為什麼祈求神佑的迷信活動又會沿襲幾千年呢？唐代軍事家李靖在《唐太宗李衛公問對》中道稱：「這是兵家托之以陰陽之數的一種『詭道』，兵家反其道而用之，以求達到鼓舞激揚士氣、穩定軍心的作用。」《草廬經略》卷三中，對這一點說得更具體，一定的「迋惑」可以達到「鼓舞激揚」的作用，而在特殊情況下「見怪不怪，矯凶為吉」、「托神托鬼，若夢若狂」等「迋惑」的作用，還可以變「人心之疑畏」而「激之使前」。

秦俑統帥何處覓？

秦兵馬俑三號坑被認為是統帥一、二號俑坑的指揮部（古名軍幕），這裡應出土有高於一、二號俑坑出土的高級軍吏俑的形象，即統帥。但三號俑坑內卻沒有發現裝束、姿態特異的將軍俑，僅在駟乘車後發現一件軍吏俑。為三號俑坑內的最高指揮者，但從裝飾來看還不及一、二號俑坑出土的中級軍吏俑。目前學者們對此的看法各不相同。歸結起來大致有如下四種觀點：

一種意見認為，在三號俑坑西側約150米處，發現一大型「甲」字形古墓葬，它距三號俑坑較近，應同秦俑三坑為一組，人們俗稱此墓為「將軍墓」，墓主人即為秦兵馬俑軍陣的統帥。但因此墓未經發掘，墓主是男是女尚難判斷。即或可以肯定，也未必同俑坑有必然關係。因為此墓為南北向，即墓室在南，墓道在北，與俑坑東西方向不一致。因此將該墓和俑坑看成一體，是不妥的。

另一種觀點認為，據《史記》〈項羽本紀〉記載，秦始皇死後四年（公元前206年），「項羽引兵西屠咸陽，殺秦王子嬰，火三日不滅」。在

毀秦陵俑坑時，把軍幕和統帥當成主要攻擊目標。故三號俑坑破壞最慘，且坑內的68件陶俑絕大多數被砍頭，只留下六、七顆俑頭，但俑身均未發生位移，其景象與一、二號俑坑的情況完全不同，由此推測破壞者是把三號俑坑當作軍事首腦機關破壞，而俑頭被當作戰利品「首級」拿走了，作為統帥的秦俑自然不會留存。另外在三號俑坑的北廂房內，發現一束20件的的銅殳似為「繳械」。因為殳若作儀仗的話，應抓在手中，項軍將其奪下，綑在一起，表示「繳械」。這些遺物均顯示是一種軍事性質破壞，故統帥秦俑坑的將已無法尋覓。但此種說法僅是一種從現象進行的推測。

第三種觀點認為，秦兵馬俑是秦朝軍隊的象徵，它不是守陵部隊。作為秦軍部隊的最高統帥只有一人，即它西邊三華里外秦陵地宮中的始皇帝，無需他人指揮。所以軍幕內再不可能出現始皇雕像。

最後一種觀點是，秦時軍隊牢牢地控制在秦王手中。作戰前秦王以虎符作為發兵的信物。「符」據傳是周朝軍事家太公呂望（即姜子牙）創造的。將玉或青銅製成某種形狀，如虎則稱為虎符，然後一分為二，朝廷和駐守各地的將領各執一半，如果需要調兵遣將時，使者必須持朝廷的這一半來到大將處，用來證明自己確是朝廷的正式使者，大將將自己的那一半與使臣帶來的一半相合，確信合符之後，才能接受調兵的命令。總觀一、二號俑坑軍陣的性質，乃屯駐的坐陣，而非出征前的戰陣，這或許是軍幕雖已張，而統帥還沒有被始皇所派。這種說法是從文獻中考據出來的，是否正確，還有待進一步研究。

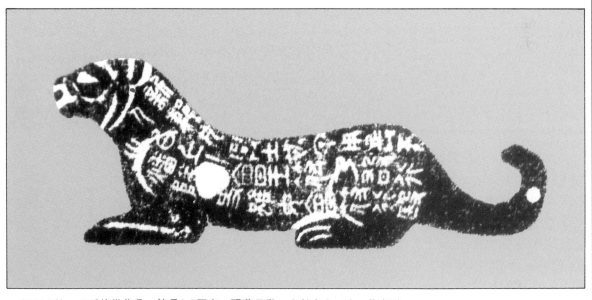

● 新郪虎符，此為傳世作品。符長8.3厘米，現藏巴黎。虎銘有文四十，作虎形。

四號俑坑疑案

繼一、二、三號兵馬俑坑發現之後，1975 年夏天，秦俑考古隊又在一號俑坑北側，二號與三號俑坑之間發現一個未建成的廢棄坑。該坑東西長48米、南北寬96米，深約4.8米，總面積為4,608平方米。坑內未發現文物遺跡。有人根據此坑的布局，深度等特點推論，此坑和一、二、三號俑坑當是同時挖掘的一組俑坑。很可能是原擬議中的象徵中軍的兵馬俑坑。有人則認為，四號俑坑位於整個軍陣左側，正是孫叔敖軍陣中後勤部隊所在處；它處於主軍之側，左軍之後，與歷史記載的兵馬先行，輜重在後吻合，正是後勤部隊為主，佐戰鬥提供給養的最佳位置；還有人認為，四號俑坑為左軍。持上述論點者均把四號俑坑當作一個未建成的廢棄坑來看。

近來有人提出與廢棄俑坑不同的觀點，認為四號俑坑並不是計劃中要修的俑坑，而是當時修築一、二、三號兵馬俑坑取土時挖的土壙。主要根據點是：㈠、四號俑坑原來就是一個不完整的土坑；㈡、四號俑坑沒有作為兵馬俑坑所必須具備的斜坡門道；㈢、四號俑坑堆積情況顯示，該坑內的堆積物不是自然形成的，而是人工有意回填的；㈣、四號俑坑的方向與秦俑坑不一致。秦俑軍陣是一組面向東方，東西縱向列隊的軍陣，為了適應軍陣編隊的要求，俑坑的東西長度都大於南北寬度。其形制呈東西縱向。而四號俑坑卻是一南北寬度大於東西長的橫向長方形坑；㈤、假如說四個俑坑是計劃同時營造的一組兵馬俑坑，那麼不可能只將一、二、三號俑坑建好，陶俑排列、兵器配備全部完畢，唯獨留下二、三號俑坑之間的四號坑；㈥、從軍陣戰術思想的角度分析，秦俑坑設計一、二號兩個實戰軍陣和三號俑坑一個指揮部，其兵力部署特點也與古代「奇正」戰術思想相吻合。所以，所謂的四號俑坑很可能不屬於擬議中修建的兵馬俑坑。

秦始皇為什麼要用兵馬俑隨葬？

秦始皇為什麼要用如此多的兵馬俑隨葬，這是學術界長期思索的問題。大多數學者在研討中都把兵馬俑坑與秦始皇陵園看成為一個有機的整體。在這個前題下，有的學者認為「秦俑坑大批兵馬俑的軍事陣容，正是秦始皇統帥的強大軍事實力的形象記錄。」袁仲一認為：「大型的兵馬俑坑在秦始皇陵東側，似乎象徵著屯駐在京師外邊的宿衛軍」。秦始皇生前的咸陽宮及咸陽城是駐有軍隊守衛的。根據文獻記載，京師的衛隊分為三類：……秦始皇陵東側的一、二、三號兵馬俑坑內的戰車、騎兵和步兵，與上述京師的三種衛軍對照，當屬於第三類，即象徵著駐在京城外的軍

隊，可稱衛軍。以戰車、步兵相同排列的第一號兵馬俑軍陣是為左軍；以戰車和騎兵為主的第二號兵馬俑軍陣是為右軍；未建成的廢棄坑，當為擬議中的中軍；第三號兵馬俑坑是統帥左、中、右三軍的幕府。俑坑本身象徵著屯軍的壁壘，三軍拱衛京師，是秦代統治者冀圖加強中央集權維護統一江山的思想反映。有人認為兵馬俑屬於「送葬的俑群」。也有人認為：「秦始皇兵馬俑的性質，也應該是送葬軍士象徵。」還有的學者以為：「秦俑軍陣是表彰武功的記功建築，秦俑軍陣性質是記功性的。」

　　另外一些學者認為：「秦俑坑並不是秦始皇陵園建築的一部分，而是屬於具有紀念碑性質的建築物，可能稱為『封』」。還有的人甚至認為「宣太后和她的本姓家族才是俑坑的主人」，「秦始皇和兵馬俑坑是兩個互不相關的墓葬工程。秦始皇根本不是俑坑主人」。孰是孰非，難以定奪，實有待考古的新發現和進一步的全面分析與研究。

- 左下圖／三號俑坑出土的陶俑
- 右下圖／經過修復的陶俑

第六章　秦始皇陵之謎

　　金字塔構成了古埃及文明最具代表性的建築物，國王胡夫的金字塔外觀宏偉、內部複雜與獅身人面像並稱世界建築史上的奇蹟；在中國，坐落在陝西臨潼驪山之旁的秦始皇陵是我國歷史上第一個規模宏大的帝王陵園。已出土的秦陵兵馬俑，被譽爲世界第八大奇觀，出土的秦陵銅車馬則被譽爲青銅之冠，秦陵實可與古埃及最大的金字塔相媲美。

　　兩千多年來，秦陵一直引起了人們廣泛的興趣。其中有神奇的傳說，也有大膽的推測，史書中也有些零星的紀載。考古學家經過多年的艱苦努力，對秦陵陵區進行了全面的系統性勘探和局部發掘，弄清楚始皇陵的基本布局，這些發現也引起人們更濃厚的興趣。秦始皇陵於1987年被聯合國教科文組織列入世界文化遺產清單，成爲全世界人民公認的珍貴文化財富。

始皇身世之謎

　　秦始皇（公元前259～210年），姓嬴，名政，是我國第一位統一的中央集權王朝——秦朝的創立者，也是我國古代歷史上傑出的政治家和軍事家。嬴政於公元前259年正月生在趙國國都邯鄲（今河北省邯鄲市西南），歲在壬寅，即傳說中所謂的虎相，故有「周以龍興，秦以虎視」之說。

　　秦始皇的父親是誰？自古至今爭議很大，因爲始皇出生趙國。始皇的父親，始皇的父親異人是秦國秦孝文王嬴柱的兒子，被秦昭王送到趙國去充當人質。呂不韋在趙國邯鄲遇見異人後，以爲是自己進昇的好機會，他在邯鄲千方百計地找到一名姿容絕美、能歌善舞的趙姬。傳說他先把趙姬納爲自己的侍妾，與之同居。當他知道趙姬有孕後，爲了要通過血緣的關係把自己的命運與王位繼承人連結在一起，於是，呂不韋精心安排，請異人喝酒，席間趙姬歌舞，並不斷向異人敬酒，異人被弄得神魂顛倒。酒席散後，異人請呂不韋送趙姬給他爲妻，呂不韋假裝生氣，異人苦苦哀求，呂不韋「欲以釣奇，乃遂獻其姬。」（《史記》〈呂不韋列傳〉）。趙姬與異人結合，夫婦恩愛。過了一年，生下一個兒子，生日正好是在正月，異人又寄望他日後能爲政於天下，故取名爲政。因是出生在趙國，即以趙氏爲姓，叫做趙政。後來當了秦王，人們又稱爲秦王政，趙姬也被異人立爲夫人。

　　關於秦始皇的血統，幾千年來，說法紛紜。《史記》明確指出呂不韋是秦始皇的生身父親。《資治通鑒》也作了類似紀載。《漢書》的作者班固乾脆把秦始皇稱爲「呂政」。但是，很多人對這種說法仍表示懷疑。明

● 秦始皇陵封土外景呈圓錐形，高55.05米，圖中標示箭頭處爲秦陵銅車馬出土地點。（楊異同攝）

代學者湯聘尹認爲這是「戰國好事者爲之」（《史裨》）。與他同時代的史學家王世貞在《讀書后紀》中對此提出了兩點看法：一是認爲，這是呂不韋自己的有意編造，目的讓秦始皇知道他的真正身分，好保住呂不韋永享榮華富貴；第二是呂不韋的門客洩私憤，用之罵人，目的讓天下人知道秦國是比六國先亡。郭沫若先生在《十批判書》中認爲：第一，僅見《史記》而爲《國策》所不載，沒有其它的旁證。第二，和春申君與女環的故事，如同一個刻板印出的文章。第三，《史記》本文即互相矛盾而無法說通」。《史記》前邊說是「邯鄲姬」，後邊又說是「豪家女」，而且，《史記》上說「至大期時」，是整整一年，即十二個月。若趙姬與異人結合之前就有了身孕，也不會「至大期」才生了秦始皇。按照郭沫若先生推測，認爲這種說法是西漢初年，呂后稱制天下時由諸呂們所編造的，目的在於以呂不韋爲族祖，以證明天下本是呂家天下，只是被劉家奪去，所以呂家應再奪回，爲呂后稱制製造輿論。還有人認爲，某些學者們對秦王政爲呂不韋私生子一事持否定態度，無非是想抬高秦始皇的聲望，實在沒有必要。說秦始皇是私生子，並不影響他統一中國的地位。歷史上常有這樣的人物，即使是私生子又何妨，只是歷史疑案的爭議還將繼續下去而已。

秦陵爲何建造在驪山？

秦始皇生前夢想長生不老，多次派方士到東海求取長生不老仙藥，費以巨萬計，但終究沒有得到。侯生、盧生、韓衆等方士恐被誅，相繼逃逸。其實，秦始皇也知道任何人都不可能長生不老，因而，他一方面想盡辦法延長自己的生命，另一方面，始皇從繼位那天起，就像別的君王一

樣，開始修建他那規模宏大的陵墓，想把生前的一切都帶進陰間。

傳說，修陵開始時，有一位神仙看到秦始皇要把陵修在靠近山的腳下，乃是個福穴。因「靠山有金玉，腳蹬渭河水，江山長固」。於是他變成一個風水先生去見秦始皇說：「皇帝造的穴太好了，是『蓮花福穴』，但是靠近山就不好，因為山擋住了風水」應當將陵穴向北移幾里，不僅能保住『蓮花穴』的福壽風水，而且頭向國都咸陽，腳蹬東方六國，統一江山，牢固萬年」講完後，風水先生化作清風不見了，秦始皇一看是神仙指點，所以，把陵穴改成離山幾里，然後動土修建。實際上，神仙對秦始皇的殘暴統治也不滿，使原山麓下修陵，取背山蹬水，江水長存的吉祥，變成了離山無水，腳蹬東方，實際是蹬空，而使秦的江山不能久長。果然秦朝傳到秦二世時，就被西漢王朝所代替。

傳說畢竟是傳說。事實上，古人把墓地的選擇看作是一件福造於後代的大事，尤其是秦始皇這個企圖傳之於萬世的封建帝王自然對墓地的位置更加重視。秦始皇為何要選擇驪山這塊風水寶地呢？《漢舊儀》說：「驪山其陽多金，其南多美玉，曰藍田：始皇貪而葬焉」：這就是說，因驪山的南面盛產美玉，即藍田玉；北面相傳出產黃金，所以秦始皇就選擇了驪山腳下這一塊風水寶地，做為自己長眠之地。春秋戰國之際，各諸侯君王在選擇陵墓時也相繼興起「依山為陵」的風氣，而秦陵選在驪山之阿也完全符合「依山為陵」的傳統觀念。

秦始皇陵與別的皇陵不同，是坐西朝東。因為秦時以西為貴，秦始皇的先祖及太后的陵園葬在今臨潼縣以西的芷陽一帶，作為晚輩的秦始皇也只能埋在芷陽以東了。春秋戰國之際，秦處在幾大強國的西部，秦王嬴政把陵墓朝東建造，也表示一定要征服東方六國、威鎮東方的信心。

古代帝王不僅墓形制不同常人，就連墳墓的名稱也有專門規定。北魏時的酈道遠在《水經注》一書曾指出：「秦名天子冢曰山，漢曰陵」。那麼秦始皇的墳墓真名是什麼呢？

1960年在始皇陵東側安溝村出土驪山園銅缶一件，底部有銘文兩行：「驪山園，容十二斗三升，重二鈞十三斤八兩」，近年來，始皇陵園西部的內外城垣之間的建築遺址，出土的瓷壺蓋上刻有「驪山飲宮」、「驪山食宮」等。有人據此結合歷史文獻上的記載，提出秦始皇陵園應稱驪山園，墳墓應稱麗山。後來有人又對《水經注》有關「秦名天子冢曰山，漢曰陵」的記載提出質疑。認為秦代國君墓也有稱陵的，而漢代天子墓有稱陵的，也有稱山的。如高祖長陵即稱長陵，又稱長陵山，所以認為《水經注》的結論也未必正確，又提出了秦始皇墳墓還有可能稱為始皇陵的看法。

秦始皇兒女們的下落

秦始皇後宮嬪妃人數眾多，自然也就多子多孫。《史記》〈李斯列傳〉云：「（始皇）十公主死於杜」，我們可以看出，秦始皇至少有10個女兒，那麼，秦始皇的兒子有多少呢？史書記載各不相同。《史記》〈李斯列傳〉說：「始皇公子十二人」。《秦會要》〈李斯列傳〉引〈集解〉則說，「辨士隱姓名，遺秦將章邯書也」，「李斯為秦王死，廢十七兄而立」也。然則二世是秦始皇第十八子。由此可見，說秦始皇只有十二個兒子是不確切的。二世的兄弟姊妹至少有二、三十個之多。這麼多的公主、公子有名可考者僅為長子扶蘇，以及公子高、公子將閭昆等四人，其餘的名字史籍失載。近年來，秦陵考古新發現為我們提供了一些這方面的線索。

● 我國目前發現的
最早墓誌
（夏居憲攝）

　　1976年10月，在秦陵東側上焦村附近發現一組陪葬墓群，共17座。成南北「一」字形排列，間距2至15米。同年10月至次年1月發掘了其中8座，斜坡道方壙墓2座，斜坡道方壙洞墓6座。8座墓內各有一棺一槨。第18號墓的棺內放著一柄青銅劍，未見人骨，其餘7座墓內各有人骨1具，共5男2女。可是令人不可思議的是棺內死骨非常零亂，有的骨下肢部分發現於土

• 上圖／墓地外景

中，頭骨卻放在椁室的頭箱蓋上；也有的屍骨頭骨在椁室的頭箱蓋上，其它骨骼卻置於頭箱內。還有一具屍骨，軀體與四肢相互分離，置於椁室的頭箱蓋上，而頭骨卻跑到洞室外的填土中，並且右顴骨上被射進銅鏃頭。屍骨零亂的程度，表明墓主人均非正常死亡，有的似乎被肢解，有的被砍殺，可是墓內的隨葬品卻非常豐富，出土有銅劍、金箔條、貝飾品、骨飾品、三弦鈕鏡、半圓銅泡、漆器及絲綢殘片二百餘件。17座陪葬墓群的規格、棺椁和隨葬品似乎又表明墓主人有一定的身分，墓內零亂的屍骨又說明墓主人的悲慘遭遇。而這些有一定身分又慘遭殺害的墓主都葬在秦始皇陵園附近，它們必然與陵園陪葬有關。這就使人們聯想起秦末宮庭政治鬥爭的歷史。

公元前210年，秦始皇出巡，少子胡亥「愛幕請從」，得到允許。因此，當秦始皇旅途中病死於沙丘平台（今河北平鄉）時，胡亥成為守陵的唯一兒子。在趙高的主謀下，趙高、胡亥、李斯狼狽為奸，結成同盟。他們焚燬了秦始皇的遺詔，詐言胡亥已被立為太子，並另外偽造了一分秦始皇遺詔，賜扶蘇死。長子扶蘇見詔心灰意冷，痛哭一場，來不及分辨真假就拔劍自殺，這就為胡亥登上二世皇帝寶座消除了障礙。

秦二世憑著陰謀手段當上了皇帝後，心裡畢竟不踏實，趙高建議要「滅大臣而遠骨肉」。於是胡亥將「六公子戮死於杜」（《史記》〈秦始皇本紀〉）又把十二公子「僇死於咸陽市」（《史記》〈李斯列傳〉），還

● 上圖 / 墓地內景

有公子將閭昆弟三人，被迫「流涕拔劍自殺」（《史記》〈秦始皇本紀〉）。公子高見勢不妙，準備逃跑，又恐家屬被收族，於是就主動上書，請求爲秦始皇殉葬，「二世大悅」，准其請求，「賜錢十萬以葬」（《史記》〈秦始皇本紀〉）。胡亥就這樣把他的兄弟們一個個除掉。對姐妹們也不放過，將「十公主，死於杜」（《史記》〈李斯列傳〉）。這些公子、公主共32人，連同胡亥，秦始皇可能有33個兒女。

　　磔，礫也，即肢解。這與上焦村陪葬墓墓主人屍骨情況契合，在墓坑內發現有挖墓人烤火的遺跡，說明當時天氣很冷，這與二世二年春殺諸公子的時令相符合。因而，這批墓葬的主人可能是被殺的秦始皇的公子和公主。在該墓中發現私印兩枚，一枚印文爲「榮祿」，出土於男性墓中；另枚印文爲「陰嫚」，出土於女性墓中。如果推斷不誤，榮祿當爲始皇之子；陰嫚當爲始皇之女，這也填補了史籍之缺。我們相信隨著秦陵考古的進展，上焦村陪葬墓群的其它墓也將發掘，不久的將來，又會出現一批秦始皇公子、公主的名字。秦始皇陵對土西北角有一甲字形墓，尚未發掘，據其所處位置和史料記載，可能是秦始皇公子高的墓葬。這就是爲什麼秦始皇33個女兒。最後只剩下胡亥這一株獨苗了。

- 右上圖／此鏡出土於秦陵東側上焦村陪葬墓群中，出土時背上有絲絹殘跡，面下有墊鏡的麻布殘片，徑18.6厘米。
- 右圖／秦權，外形如一小鐘，空心，上有小鈕，通高7厘米，重256克，上有始皇40字詔文，二世60字詔文，是秦始皇統一度量衡的實物見證。（夏居憲攝）

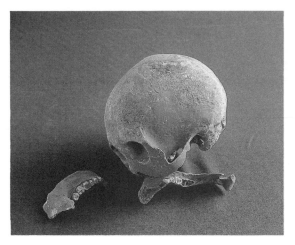

漫談珍禽異獸馬廄坑

　　在沒有正式發現秦俑坑前，實際上秦陵陵區內也發現過原寸的大秦俑，只不過不是直立的士兵形像，而是跽坐俑。1927 年秋，秦陵西側的岳家村的一名婦女死後被埋葬時，挖出了一件陶俑。該俑身飾長袍，髮髻梳在腦後，兩膝著地，臀部壓在兩腳的後跟上，雙手放在大腿面上，高約60厘米。村裡人以為挖出了個神像，把它供了起來。後經幾位古董商人的手，就不知下落了。不久，當地村民在秦陵內城西牆基外又發現了3件跽坐俑。1948年，秦陵東南上焦村村民又挖出了3件跽坐俑，現僅保存下2件。五〇年代也出土1件，被臨潼縣博物館收藏。七〇年代相繼在上焦村、杜家村一帶發現5座跽坐俑坑。1976年1月至1977年10月，經考古工作者考古鑽探發現兩處馬廄坑，一處在秦陵東側的上焦村西；另一處在位於陵西南側的內外城之間。在這兩處共發現93座馬廄坑，發掘了37座，其中馬坑28座，跽坐俑坑3座，俑馬同坑者6座。這些坑大體分作南北向三行排列。馬坑均為長方形豎穴土坑，每坑一馬，馬頭向西。馬頭前放置有陶燈、陶罐、鐵錇、鐵鐮等物。其中64號坑中的馬頭前放置有銅盤、銅壺各1件，銅環5件，有的陶盒內尚存有穀粒、穀草。這表明陶盆是馬槽，陶罐用以提水餵馬，鐵鐮鐵錇用於割草和刈草，至於陶燈則說明馬要日夜飼養。俑坑為方形豎穴，俑置於木椁箱內，面東跽坐。俑前放置有陶罐、陶燈（或鐵燈）、鐵錇、鐵鐮等物。俑馬同坑者，坑為長方形土坑，在其西端的一側設有壁龕。馬置於長方形坑內，俑置於壁龕內。馬頭前亦有陶盆、鐵燈、錇（或鐮）等物。秦始皇生前宮廷有許多廄苑，死後也把廄苑模擬於地下，以大量的馬匹隨葬。秦陵發現的這兩處馬廄坑，應是秦始皇御廄的真實寫照。

　　1977年7月至1978年3月，秦陵考古隊在秦始皇陵園內勘察鑽探時，於城垣西門以南的內外城間發現一組陪葬坑，共計31座。此坑分布南北長80

米，東西寬25米，總面積2,000平方米。分三行排列，一行6座，一行17座、一行8座，行距在4.2米至4.9米。考古工作者發掘了其中4座。有兩座為踞坐俑坑，出土的踞坐俑形象、服飾、大小與馬廄坑中出土的踞坐俑相似。另兩座為瓦棺葬坑，瓦棺長約1米，寬約0.4米，厚約10厘米。瓦棺內各有一具動物骨骼，經動物學家鑒定認為，一具可能為低冠齒雜食動物，另一具為高冠齒雜食動物，這就是所謂的異獸。另外在鑽探中還發現有禽類骨骼，由於禽類骨骼比較細小，很難辨認出是何類骨骼，考古專家們根據史料推測可能為禽類骨骼。珍禽異獸坑象徵秦始皇生前秦都咸陽的苑囿。

　　馬廄坑和珍禽異獸坑出土了19件踞坐俑。身高為66至72厘米。俑體中空，胎壁很薄，厚約1厘米。身穿交領右衽長襦，腰束帶，頭綰圓形髮髻垂直於腦後。有的俑雙手籠在袖管內，有的俑雙手半握拳，分別置於左右兩邊的膝蓋上。這些踞坐俑與秦俑坑內出土的秦俑不同，身軀和頭部都是模制，就不像秦兵也俑那樣是一人一個樣。但也不像咸陽楊家灣漢墓出土的漢俑乃千人一面，是有各種各樣的臉形和表情。就目前已見到的19件踞坐俑來說，就有6種不同的臉形和表情，它們為苑中飼養珍離禽異獸和馬的「圉人」。踞坐俑還向我們展示了兩千多年前的踞坐習俗。

● 踞坐俑正全視（楊異同攝）

94

秦陵地宮的秘密

兵馬俑軍陣和銅車馬的出土，無疑使全世界都受到了強烈的震撼。人們為這偉大的歷史奇蹟驚嘆，同時自然會把視線投向這偉大奇蹟的本體——秦始皇陵的地下宮殿。這將是一個更加神秘莫測、令人心馳神往的偉大奇蹟。

秦陵內城南區封土下的秦陵地宮，是按「事死如生」要求修建的「地下天堂」。按司馬遷《史記》中的有關史料記載，簡直把人們帶到了一個「天方夜譚」般的「神話世界」之中。「始皇初即位，穿治驪山。及併天下。天下徒送詣七十餘萬人，穿三泉，下錮而致槨。宮現百官，奇器珍怪，徒藏滿之。令匠作機弩矢，有所穿近者輒射之。以水銀為百川江河大海，機相灌輸。上具天文，下具地理。以人魚膏為燭，度不滅者久之。大事畢，已藏，閉中羨，下外羨門，盡閉工匠藏者，無復出者。」

繼司馬遷所記載這段歷史和秘密後，又相繼出現了許多關於秦始皇陵修建、焚燬及地宮形狀的記述。而且對秦始皇及地下宮殿的描述，越來越龐雜繁多，神秘莫測令人驚駭。秦陵的地下建築已如咸陽都城的宮殿並有百官位次，深邃而堅固，不但上面砌築了紋石和明珠為日月星辰，下面還以水銀為百川江河大海。而且，這座埋藏著無數珍奇動物及物品的地宮中，還有用人魚膏（據說是東海中的一種形似人的四腳魚）做成的蠟燭永不熄地燃燒放光，使地宮常年形同白晝。為防止盜墓賊進入，工匠在地宮門口製作了神奇的機關暗箭，倘盜墓人一旦接近墓門，便暗箭齊發，將之射斃於墓中。

隨著時間的流逝，秦始皇陵地宮越發神秘莫測。自秦兵馬俑出土之後，經過考古學家、歷史學家、地質學家等多種學科的科學工作者十幾年努力探尋，逐漸解開了秦始皇陵地下宮殿之謎。

根據考古調查資料表明：秦始皇陵地宮上穴近似方形，東西寬393米，南北長46米，總面積為180,320平方米，比鳳翔秦景公墓上穴面積5,300平方米大34倍還多，這樣大的墓穴，是中外歷史上任何人的墓葬都無法比擬的。自前秦陵地宮已探到28米深，但仍是人工夯築的夯土層，這說明地宮最淺也在26米以上。在距地表2.7米至4米深處發現了地下宮牆，牆體高和寬約4米，是用未經焙燒的磚環砌成。宮牆的四面有門，東邊發現門道一個，北側一個，西側和南側正在勘探中，情況不明（估計可能亦各有一個門道）。放置棺槨的地方叫作玄宮，是地宮的核心，無疑是位於四面環繞宮牆的中心部分。地質工作者在1981年12月和1982年5月，兩次運用現代化

的技術，對始皇陵地宮進行了含汞量的測試。結果在始皇陵封土中心，發現一個面積約爲12,000平方米範圍的強汞異常區，在異常區內汞含量變化爲70－1500PP^b，含汞量平均值爲205PP^b，而秦陵部分封土取自魚池地方的土樣含汞量僅爲30PP^b。證實了司馬遷關於陵墓內埋葬水銀的記載。那麼「以水銀爲百川江河大海，機相灌輸」。是指將水銀置入相互作用的機械中，讓其循環往復，以表現百川江河大海的流動。「上具天文，下具地理」，指的是在墓室頂部繪畫或線刻日月星象圖，下部繪山川江河。「宮現百官」則是說地宮內也有地上的宮殿的規模，「奇器珍怪徒藏滿之」，奇器當是指用珍貴材料製作的精美器物。珍怪一般指珍貴的動物。「下銅而致椁」，那就是用無數大型枋堆成的椁室，內邊接在處用銅澆鑄，外邊塗上漆，再以各種珠寶翡翠飾於其外，將整個椁室點綴得五光十色，富麗堂皇。總之，這座神奇的地宮如同秦始皇生前的宮室一樣，在地下王國內，繼續寄託著他「萬世千秋」的願望。

考古學家十餘年來對秦陵地宮勘查、鑽探和調查中認爲，秦陵地宮基本保存完存，沒有發現嚴重破壞和大規模盜墓的跡象。僅秦陵地宮西側各發現一個橢圓形盜洞，直徑約0.9米，洞深9米，但這兩盜洞遠離地宮中心還有250米，未能進入地宮。地宮宮牆和通往地宮的通道也未發現人爲擾亂破壞現象。通往地宮西墓道的耳室裡出土的兩乘大型彩繪銅車馬，出土前沒有遭到火燒和其它人爲的破壞，這就說明秦陵地宮沒有遭到破壞。地宮內存有大量水銀已被現代科學所證實，封土壤中的汞含量高於附近地區平均值的八倍。如果地宮被盜的話，水銀早已發揮。這說明項羽破壞的是秦陵區地面建築及一部分陪葬坑，而非地宮本身。

秦陵工程的主持者

秦始皇陵的設計者是誰？文獻上沒有紀載。僅在《古今圖書集成》〈坤輿典〉引《漢舊儀》說，秦始皇使丞相問李斯「將天下刑人徒隸七十二萬人。作陵，鑿以章程，錮水泉絕之，塞以文石，致其丹漆，深極不可入……。」這條資料清楚地說明了修建秦始皇陵的主持人是李斯。它是按照一定的「章程」施工，所謂「章程」，就是施工藍圖。李斯之前秦的最大朝宮曾是呂不韋、昌平君、王綰、隗林等，這些人一定也主持過這一當時最大的工程，不過在主持陵園工程中，實際負責的還是兩位丞相呂不韋和李斯。

呂不韋是秦始皇時代的第一位相邦。當秦始皇年幼尚未實際掌政天下之時，呂不韋已歷任兩朝的相邦，又被秦始皇尊爲「仲父」，「委國家大

- 左上圖／陶罐，出土
  於馬廐坑中，是秦代
  的一種生活用器皿。
- 右上圖／陶盆，出土
  於馬廐坑中，爲泥質
  夾砂灰陶，敞口，平
  底，可能用作餵馬。
- 右圖／陶燈，出土於
  秦陵東側上焦村的馬
  廐坑中，共出土18
  件。（夏居憲攝）

臣」，在他任相邦的九年內，為整個陵園工程的營建打下了良好的基礎。

李斯是繼隗林之後升任承相的，那時正值陵園工程大規模營建，所以史書唯獨記錄了李斯為陵園工程的主持者，而秦陵工程由少府這個部門實際負責執行。

參與埃及胡夫金字塔修建的人數為10萬人；秦陵陵園工程較胡夫金字塔規模更大；那麼，當年有多少人參與陵園工程修建呢？《史記》〈秦始皇本紀〉中已有明確記載，「始皇初即位，穿治麗山，及併天下，天下徒送詣七十餘萬。」說明當時修陵人數多達70餘萬，如果加上初期階段原有的人數，其總數估計不會少於80萬。不過在工程最後階段，原有的人數略有變動，先是秦始皇三十五年，抽出一部分從事阿房宮的修建，三十七年秦始皇入葬後，又將修建阿房宮的那部分人合併過來，從事陵墓的封土工程；二世元年四月，完成覆土任務後，又分出一部分從事阿房宮的營建。

參與修陵的數十萬大軍長時期從事繁重體力勞動，累死者自不計其數。1979年，秦陵西側的趙北盧村在平整土地時，偶爾發現了一些古墓，經考古人員試掘，證明這是修陵人的當年的墓地；經過人骨鑒定，死者絕大部分是青壯年男子，墓葬中意外發現了18塊繩紋版瓦上的墓誌，這是我國目前發現時代最早的墓誌。從墓誌來看，死者當中一部分屬於服徭役的人，一部分屬於居貲者，另一部分為刑徒。

秦始皇陵，是用人民的血和淚修成的，僅以運石料為例，《博物志》記載了當時一首民謠說：「運石甘泉口（今陝西淳化縣），渭水為不流，千人歌，萬人吼，運石堆積如山阜」。相傳，在秦始皇陵東南二里，有塊大石頭，高一丈八尺，周圍十八步。修陵時運來準備用，但運到此地再也搬不動了，只好擱置此地，那個時代運輸工具十分落後，民謠也告訴我們當時人民的艱苦。據說，秦始皇陵封土覆蓋的全部黃土都是炒熟的黃土，這是由咸陽原上的人民炒熟，再由婦女列隊長年累月轉運來的。為什麼要炒熟土呢？據傳說，一方面是為了墓地不長寸草；另一方面覆蓋下的地宮之內可以不受潮濕。這也同樣說明了當時人民為修秦陵不辭辛苦的情形。

秦陵工程大體可分為三期，秦始皇繼位後到秦統一前這二十六年間為第一期工程，秦統一中國到秦始皇死前這九年裡，是秦陵第二期工程；秦始皇死後至秦二世為秦陵最後一期工程。第一期工程時，秦國正在進行最後階段的統一戰爭，估計不可能投入大量人力和物力從事陵園工程的修建；第二期工程時，秦已統一中國，這個階段是大規模集合全國人力物力修建陵園主體工程；第三期工程，是陵園的收尾工程，由於人民的抗暴，修陵人員曾由少府令章邯率領，回擊周文的軍隊，陵墓工程因而被迫停止。而章邯與周文經過八、九個月的奮戰，「所失之以十萬數」，當全軍

投降項羽時還剩20餘萬人。這20餘萬人的修陵大軍被楚軍在一夜之間全部活埋了。

秦陵地宮內是否有活人殉葬？

秦始皇陵附近的民間還有一個與始皇陵埋葬有關的傳說，說始皇下葬時，在地宮內搭台唱戲，許多男女老幼圍觀看戲，始皇下葬後，突然間墓門封閉，所有唱戲及圍觀看戲的人都被封在地宮內，成了秦始皇的殉葬品。這個傳說是經過民間加工的，不過這個傳說在歷史文獻上可以找到相應的記載。

人殉的歷史可以上溯至殷周時期，那時天子到大臣，凡是有身分的奴隸主貴族死後往往都要以活人殉葬；奴隸主貴族因身分等級的不同，殉葬的人數多少也不一樣。少者墓內1至2人，多者殉葬數十人。但是，當中原國家紛紛革除這種殘酷的人殉制度時，秦代國君又步入了人殉制度的後塵。第一個開始以活人從葬的國君是春秋時期的秦武公，他死後「從葬者六十多人」。後來到了稱霸西戎的秦穆公死後，這種殘酷的人殉制度更有所發展，從死者多達177人，甚至「秦之良臣輿氏三人名曰奄息，仲行、鍼虎、亦在從死者之列」。此事在秦人當中引起了強烈反響、秦人哀之，為此作歌〈黃鳥之詩〉譯成現代漢語為：

「黃雀嘰嘰，飛來桑樹上，誰從穆公去了，子車家的仲行，子車家的奄息，說起這位仲行，說起這位奄息，一個抵得五十雙，一個能把百人敵……蒼天啊蒼天！我們好人一個不留，如果誰將我們贖他們命，拿我們一百個換他一個」。

這首詩表達了秦人對三位大臣極大的哀悼與懷念。戰國時期人殉，在秦國更加受到國人的普遍反對，第一位秦國封建改革的國君秦獻公即位後的第一年（公元前384年）即下令「止從死」。他順應歷史潮流，從制度上廢除了殘酷的人殉制度。所以到了秦昭王時期，當宣太后臨死時提出要以情夫魏子殉葬時，遭到國人的普遍反對與譴責。

從秦國人殉制度的興起與廢除歷史來看，到秦始皇時期按理已不應再出現殘酷的人殉現象了。可是事實並非如此，始皇陵地宮內殉葬了大量嬪妃宮女和工匠，估計人數之多可能超出人們的想像。單說嬪妃宮女人數最少上萬，《史記》〈秦始皇本紀〉描述說：「咸陽之旁二百里內宮觀二百七十，復道甬道相連，帷帳鍾鼓美人充之，各案署不移徙。」始皇後宮之盛的情景是能想像的。《阿房宮賦》的說法更是驚人：秦宮後庭的極盛。古人甚至說阿房宮裡秦始皇是唯一的男性。民間傳說，秦始皇因宮女太

● 上圖／二號俑坑出土的跽坐俑（夏居憲攝）

● 右頁圖／跽坐俑側全視（楊異同攝）

多，每晚選擇同房嬪妃時，就讓眾多嬪妃裸體臥地，他脫掉鞋赤足在嬪妃的臀部上行走，如果在某一位宮女的臀部滑落，這天晚上就與那位宮女共寢同眠。始皇這麼多嬪妃實際為他生下子女的並不太多，始皇共有子女三十多人，剩下沒生下子女的宮妃恐怕不計其數吧。這麼多的嬪妃宮女殉葬，可以說是人殉制度在秦末發展到了登峰造極的地步。傳說在項羽入關掘墓前，人們常聽到地宮內的鏗鏘聲。這是生埋工匠含怨不死，在地宮內刻寫墓碑石的聲音，碑文充滿悽惋、哀愁、怨恨之辭，因名「怨碑」。

秦陵地宮發掘的困難

秦始皇陵在中國，它的研究者卻遍布世界各地。位於瑞士日內瓦的歐洲核子研究中心的三名科學家，在1984年10月出版的第九號《談論》雜誌上，出人意料的發表了一封建議信，對秦陵地宮的發掘提出了全新的看法：「我們建議成立一個多學科的工作隊，不用物理發掘的方式，而使用現代非破壞性技術，勘測和探查位於中國西安驪山的秦始皇陵。我們想安置一個大型感光線圈和一個電動發電機組，鑽一些乾油井，在這些油井裡和驪山上安置磁場儀和其它電子裝置………。

……在這樣的探測中，我們是很有興趣的高能物理學家。因此，我們願與中國的考古學家、地理學家和其它願意被邀請的人一起討論我們的想法。」

對三位科學家的建議，鑒於多方原因，中國科學院暫時沒有批准，非破壞性探測和層析X線攝影學自然未能實現。

儘管目前不能發掘秦陵地宮，對秦陵地宮來說也可能是一件好事。從我國近幾十年考古發掘的諸多文物古蹟可以看出，文物的破壞損失令人震驚悲嘆。1958年以來，我國文物考古部門曾有計劃地考古發掘了明定陵，出土了幾百匹足以代表中華民族紡織與刺繡藝術尖峰成就的織錦布料，可是出土不久幾乎全部損壞、變質。六〇年代初，周恩來赴陝西視察時，陝西省曾提出發掘唐代乾陵和其他帝王陵墓的構想，但未得獲准。周恩來引用定陵織錦損壞變質的教訓，解釋了不予批准的理由，鄭重而風趣的指出：「目前我國還沒有足以使出土文物不受損失的科學保護方法，祖宗留下的遺產還是讓土地神多替我們保護幾年吧。」

秦兵馬俑自1974年脫離了土地神保護才十餘年，破壞的程度超出人們的想像。有的秦俑剛剛出土之時，身上的彩繪絢麗多彩，可是出土不過數天，彩繪全部脫落，有的甚至周身生出綠毛。出土的金屬兵器，也在不同

程度上染上了綠鏽，青銅一旦被氧化即成爲氧化銅，原有的特質將不再存在。秦俑的保護已刻不容緩，但至今還沒有找到一個較好的保護措施。秦陵地宮一旦發掘，將出土更多大量的珍貴文物，如何保護這批文物不受自然破壞更是最大困難。所以說，開發秦陵地宮最爲困難的是文物保護技術的克服。

另外有的專家還列舉下列四個困難：第一是秦陵地宮上穴是一個500乘500米的正方形，如果要發掘，首先要在87米高的封土周圍蓋建一個永久性的保護大廳，若是方形，跨度當爲500米。若是圓形，跨度當爲670米。目前正在美國修建跨度最大建築，跨度僅200多米；二是秦陵地區地下水相當豐富，水位很高，距地表16米就已經有水了，而大量的地下建築都是在16米以下的，如果發掘起來沒有大型的抽水設備及時把地下水抽乾，整個地下宮殿都會淹沒；三是秦陵封土上有夯土百米厚，這樣大的移土工程是極其浩大的；四是秦陵地宮封土周圍的汞含量異常，高出正常量280倍，至今還沒有辦法通過汞密封層。總之，秦陵地宮暫時不能發掘實有其實際上的困難。

秦陵銅車馬是怎樣發現的？

秦俑坑是農民打井時偶然發現的。但是銅車馬坑卻是憑考古人員手中一把小小的洛陽鏟發現的。1976年，秦俑坑發現不久，秦始皇陵的整體布局和考古勘測研究及有計劃的試掘、發掘也全面展開。至今已發現大小不等和各種陪葬坑、陪葬墓有400餘座，以及多處地面建築基址。其中秦陵封土西側銅車馬的發現與掘出是繼秦俑坑發現之後最大的收穫。

在秦始皇陵地區，民間傳說秦陵地宮內許多金馬駒。傳說中的金馬駒像是保護農人的神靈，有福氣的人才能遇上。1978年夏，秦俑考古隊在秦陵西側進行勘探時，一天，在地下7米深的左右，探出了一個金泡，隨後又探出了一個銀泡和一件金絲燈籠穗。這幾件東西都是馬頭上的飾件，從而證明地下可能有車馬陪葬坑。經過詳細勘察，發現這是一處大型陪葬坑，其東邊緊靠現存秦陵封土的西邊緣，西距內城西垣約40米。坑平面呈「巾」字形。其平面布局可分爲四區。一區位於坑的南端，東西長29米，南北寬5米許，距現地表2.8米～8.5米。二區位於一區之北，東西長13米，南北寬19米許，距現地表深7.8米～8.6米。三區位於坑的東端，東西長50米，南北寬12米～23米，距地表深12.8米～19.8米。四區位於坑的北側，東西長20米，南北寬3.5米，距現地表深5.5米～6米。其中二區與四區的結

● 銅車馬發掘時考古人員正在作業（楊異同攝）

• 秦陵一號銅車馬

• 上圖／秦陵二號銅車馬全視圖
• 右頁圖／秦陵二號銅車馬內有跪坐御官俑，高51厘米，重52公斤，面帶微笑。（楊異同攝）

- 上圖／秦陵二號銅車馬御官俑執轡側視
- 左圖／秦陵一號銅車馬內的御官俑，高0.92米，重約70.6公斤，身著雙層長襦，足登長口齊頭翹尖履，腰間佩長劍，面部表情輕鬆自然。（楊異同攝）

構特點與兵馬俑坑相似。兩邊爲土隔牆，頂部有棚木，形成若干個過洞式的土木結構的地下室建築。

　　1980年夏，經國家文物局批准，考古人員正式發堀了二區北側的第一個過洞，過洞東西長7米，南北寬2.3米，坑底距現地表深7.8米。坑內有一個長方盒狀木槨。槨內一前一後放置著兩乘彩繪銅車馬。考古人員將前面的一乘編爲秦陵一號銅車馬，後面的一乘編爲秦陵二號銅車馬。由於木槨深埋於7.8米的地下，木槨早已破碎，銅車馬損壞嚴重，其中一號銅車馬破碎成3,000多片，二號銅馬車破碎成1,555 片。經過修復人員的多年努力，這兩乘銅車馬修復如初，於1988年在秦俑館闢專廳展出。

一號銅車馬，車馬通長2.25米，寬0.955米，通高1.52米，總重1,067公斤。雙輪，輪徑66.4厘米，兩輪間距95厘米，單轅。通長183.4厘米，轅前端接衡，衡上置雙軛，駕四馬，兩驂（兩旁的馬）兩服（中間的兩匹馬），馬的高低和身長大體相同，高約106厘米，身長約109厘米，重195公斤。輿箱較淺，不分前後室，平面呈橫長方形，前邊兩角隅成弧形，寬74厘米，進深48.5厘米。輿的前、左、右三面立欄板，前欄板頂端有軨，後面闢有車門，左、右兩欄板上沿各向外測伸出，約呈120度角，形成外高內低的車耳平台。輿內置「十」字形傘座，座上插有一圓形傘蓋，通高1.14米。傘蓋、傘柄的製作尤爲精美。傘蓋由一塊圓形銅板製成，略成拱形，直徑122厘米。厚0.2～0.4厘米，傘弓22根。傘柄鑄成竹節狀，酷似實物。然後又於每一節內飾以錯金流雲繪，既精美又美觀。傘下御者憑軨而御。御官身高0.92米，重約70.6公斤，身著雙層長襦，足登長口齊頭翹尖履，腰間還佩長劍，頭綰梯形扁髻反貼腦後，面部表情輕鬆自然。緊靠軨下掛著一銅質矢匣。矢匣呈長方形盒狀，長38厘、底面寬5.4厘米、高11.8厘米、壁厚0.2～0.3厘米。矢匣內裝有銅矢54支。軨前左側向前突出兩個銀承弓器，上置青銅弓弩一副，弩臂向上依軨而斜立。左欄板內側裝一副盾篋，篋內插著一件迄今在考古史發掘中出土年代最早、形狀最完整的盾牌。銅盾上部略呈弧形，中部雙並腰，四角上聳而內卷，下部呈方形，形若出字。通高36.2厘米、上頂寬4.4厘米、底邊寬24厘米、厚0.4厘米。盾的正背兩面滿飾絢麗的花紋圖案。

　　二號銅車馬，車馬通長3.17米，通高1.06米，總重量1,241公斤。雙輪徑59厘米，兩輪間距101.5厘米，高了出一號車兩輪間距，單轅，通長2.46米，也比一號車車轅長。轅前結構同一號車，四馬大小尺寸和重量約同一號車前的四馬。但車輿呈凸形，分爲前後兩室。前室近似方形，寬36.2厘米。內有跽坐御官俑1件。跽坐御官俑，高51厘米，重52公斤，身著右襟長襦，足登履，腦後梳扁髻，面含微笑。御手身旁有一根長74.6厘米用來趕馬的策。另外有一長方形銅壺，可能是用來盛酒的。前室的前邊及左右兩側裝有欄板，左側開門，供御官上下。後室即爲主室，主室內比較寬闊，寬爲77厘米，進深88厘米，輿高104厘米，輿的四周有廂板，上有一橢圓形的車蓋，蓋長1.78米，寬1.29米，在車廂的四邊伸出寬檐，中間爲脊樑，兩側分布魚刺形的蓋弓，共計36根。輿的兩側及前邊各有一窗，後邊有門，門上裝有一單扇門扉。

　　根據兩乘車的形制結構和歷史文獻記載，專家們初步定名一號車爲高車，或稱立車；二號車爲坐乘的安車。這一種立車在前，安車在後，排成一組，是秦代皇帝制度的縮影。安車輿箱四輪上開有窗戶。兩側爲可以上

下啟閉的支窗。後牆有門戶，戶扉右側在車牆上裝有拐形門栓。這種車有戶有窗，如果全部敞開。車內就會通風透涼；反之，如果全部關閉，車內就可以保溫。這是一種古老簡易的調溫車乘，這也就是古文獻上所說的轀輬車，轀輬車原為皇帝乘輿的高級臥車，但自沙丘記載始皇死後，便成為喪車的別稱了。

為什麼銅車馬是人類文明史的奇蹟？

秦陵銅車馬，人們譽它為「青銅之冠」實不過譽，不管是說它的重量，還是其大小和複雜程度等均為古青銅器之最。兩乘車共重2,308噸，約是司母戊大方鼎的3倍，其體積是司母戊的10倍多。銅車馬的複雜程度更是其它器物所不能相比的。每乘車都有3,000多件部件組合而成，其中二號銅馬有3,462個零部件，計有青銅製作1,742件，金製品737件，白銀製品983

● 右驂馬頭局部

• 上圖／繫駕關係
（後視圖）
（楊異同攝）

件。最大的零件是二號車的車蓋，它長達246厘米，面積約爲2.5平方米，最小的零件才不到0.5平方厘米。其製作的工藝技術十分精良，採用了鑄造、焊接、沖鑿、鑿刻、拋光等，它的連接組裝方式採用了鑄造、鑲嵌、焊接、子母扣連接等十幾種技巧。銅車馬雖然埋在地下兩千多年，但各種鏈條仍非常靈活，窗門仍可啓閉自如，牽動轅衡，帶動輪軸轉動，可以載輿以行。其手工藝之精湛，令人十分吃驚。

　　秦陵銅車馬屬於以錫爲主要添加元素的銅基合金。經光譜分析和化學定量分析知道，它的主要成分爲銅、錫、鉛等三種。另外還有一些微量元素。如二號車的銅馬銅占90％，錫占6～7％，鉛占0.1～1％。二號車的銅車銅占82～86.05％，錫占8.47～13.57％，鉛占0.12～3.67％。秦代藝術工匠還按照鑄件的不同部位要求把銅、錫、鉛的比例做了有意識的調整。

車撐的含錫量最高，達20％，硬度也最大，適於發揮支撐的作用。靷繩、轡繩要求有一定的韌性，因而通過降低含錫量來降低硬度，提高韌性，這些部位的含錫量僅有6％。這是對《周禮》〈考工記〉中「六齊之法」的發展。二號車車輿上有穹窿形的篷蓋，篷蓋下有角脊形的銅骨架。以脊為中心，對稱排列36根圓形的蓋弓，車蓋面積達2.8平方米，最薄處僅0.1厘米，最厚處只0.4厘米。使現代冶金學家們感到十分吃驚，要鑄造大而薄而且呈穹窿形的銅件，最主要的是要掌握恰如其分的合金比例，既要保證熔體有較好的流動性能，又要達到均勻的成型性能，這在現代工藝下也是十分困難的事。

銅車馬的部件均採用泥質陶範鑄造。車轅、車軸以及局部過厚的鑄件都用填範法鑄成中空體。從車轅斷開處能看到轅內範的泥質較細，並有麥草似的遺跡。還有銅釘橫貫範芯心，其目的在於支撐內外範，使兩者之間保持一定的距離。銅馬和銅俑都是採用空腔造型，在拆斷馬腿的薦口處，發現馬體內仍用泥質範芯，有陶片。泥質範芯內又摻雜了植物纖維及穀殼等物，目的要於增加透氣性能。銅車馬製造中有不少工藝是秦代工匠的首創，有的工藝方法至今仍為我們所用。從藝術造型上來看，這組銅車馬氣魄宏偉、工藝絕倫，堪稱世界藝術史上的一顆明珠。它完全採用寫實主義的手法，造型嚴謹、逼真而生動。

銅車馬的發現也使我們瞭解了先秦車的繫駕關係。以往考古發現也出土過許多古代的車馬坑，但出土者或多係木質，腐朽嚴重；或雖係銅質，但形體小而製作粗疏，因此，對古代車的結構，特別是繫駕關係的許多問題一直難以弄清。先秦的馬車罕見雙轅，而多為單轅，那又是怎麼繫駕，就更無法說清。

秦陵銅車馬的出土為我們提供了具體的繫駕形象。這兩乘車均由四馬繫駕，中間的兩匹叫服馬，旁邊的兩匹叫驂馬，為了保證四馬各處其位，齊心協力地拉車，就給他們設置了脅驅靷繩、韁繩等。脅驅配置在服馬外胸腹之間的脅部，它的形狀就像是隻展翅半翹著長尾的飛鳥，首部為鳥頭形，尾部為扁圓形，末端有三個刺形的尖。如果驂馬內靠，脅驅就會刺痛它，而驂馬過於遠離，中間的兩根韁繩就會把它拉回來，四匹馬始終是並駕齊驅，保持一定距離。

這兩乘銅車馬均為單轅，轅的前端向上彎曲，後端平直與車軸成十字相交。轅和軸承起了輿。轅和軸與輿的交接處墊有伏兔和當兔，並鑄有皮條纏扎紋。皮條具有一定的伸縮性，能起到減輕車輿的顛簸作用。轅的前端縛有衡，衡上縛有雙軛，雙軛套在兩匹馬的頸上。服馬各有一條靷繩

（俗稱套繩），靷繩一頭繫在車軸上，一頭繫在軛上，驂馬沒有軛，只是在馬脖子上套一頸帶，然後將靷繩一頭繫在頸帶上，一頭繫在車箱的底桄上。這樣，服馬靠軛、驂馬靠頸帶通過靷繩曳車前行。這種繫駕方式叫軛式繫駕法。

御手在駕車行時，需要控制馬行走的方向，就要靠轡繩。過去一般認為4馬應該有8根轡繩，可是《詩經》〈秦風〉中提到的「四牡孔皁，六轡在手」就不可理解。原來是每匹馬都有兩條轡繩。4匹馬一共是8轡，但由於中間兩匹服馬的內轡拴在車前的鑣環上，其餘6轡繩才抓在趕車的御官手中。

總之，秦陵銅車馬的發現，其靷具挽具齊全，部位明確，使過去有關先秦車的繫駕上的種種疑難，一看銅車馬都一一冰釋了。

● 秦陵一號及二號銅車馬，均為一前一後，一組式的排列。（楊異同攝）

第七章　秦俑的藝術

　　秦俑坑內計有類似真人、真馬大小的陶俑、陶馬近8,000件。這是世界雕塑史上發現規模最大的群雕。作爲一種立體藝術，從美學角度來看，人們不免會提出許多問題。比如秦代是用什麼泥土作原料來塑造秦俑的？秦俑是怎樣設計造型的？又是如何形塑精雕、焙燒和彩繪等等。這些問題雖然已爲一些專家學者所初步瞭解，但大多數人並不清楚。但是秦人塑造秦俑的藝術成就，不管從任何角度，都可譽爲中國古代雕塑史上最恢弘的傑作。

• 秦俑手部姿勢之一（夏居憲攝）

兵馬俑陪葬是秦人首創的嗎？

　　「俑」本指古代墳墓中陪葬的偶人，可能是象徵殉葬奴隸的替身。商代和西周流行人殉，隨著奴隸社會的崩潰和封建社會的興起，用大量奴隸作爲人殉的習俗也隨之改變，因而出現了用模擬的人形——俑，來代替活人殉葬的新習俗。最早的俑，可能是用茅草紮束而成的，又稱「歸靈」，後改用木、土等材料製作，出現了各種動物俑。隨後材料又增加到玉、

銅、石、三彩等種類。由於木質易朽，現存大都爲陶俑和三彩俑。陶俑雖然可能起源於代替活人殉葬，但其藝術的源頭，可以說早在新石器時代已萌芽。我國遠在一萬年前便發明了陶器，遠古先民通過對各種陶器的製造，熟練地掌握了泥的性能和雕塑技術。

像秦始皇陵兵馬俑這樣形體高大、神態逼真的陶質俑，還是幾千年來的首次發現。秦以兵馬俑軍陣作爲陪葬，目前在秦國陵園史上尙未找到先例。那麼其它國君陵寢有沒有以軍陣陪葬呢？近日考古工作者在三門峽西周虢國墓地發現了陣容龐大的車馬坑群。現已初步探明，在虢國墓地北部的這片車馬坑群，位居虢國墓地重點埋葬區，是該區域墓葬的陪殉車馬。尤其是已探明的一號車馬坑距2001號墓僅4米遠。根據2001號虢國園君墓出土的44副馬銜推斷，這座長46米，寬5.2米的車馬坑應葬有22輛戰車，44匹戰馬。根據銘文推斷，該墓爲虢國太子墓，所以此墓當屬虢國某儲君之墓無疑。有關專家推斷，這是目前我國已知年代最早，規模最大的戰車軍陣，如果這個推斷不錯的話，那麼可以說在西周晚期的虢國園君墓已出現了以車馬軍陣陪殉的現象。

秦始皇陵兵馬俑軍陣陪葬制度很可能就是由此發展而來的。虢國國君墓以車馬軍陣陪殉，正表現了西周晚期車戰盛行的時代特色。秦始皇陵以步兵俑、車馬俑、騎兵俑組成的軍陣陪殉，也確切地反映了當時步、車、騎並存的戰爭特點。假若再進一步追溯，早在殷代的墓葬內已曾發現過兵車陪殉的現象。可見由殷代的兵車陪殉，到西周晚期的車馬軍陣陪殉，以及秦漢時期的兵馬俑軍陣陪殉，似乎本是一脈相承的。

秦俑的塑造：塑模結合、精雕細刻

秦俑是用泥土雕塑成形經燒製而成的，這不由使人想到女媧。女媧是中國的創世女神，神話中的人類之母。她有許多發明創造，其中一個就是摶土造人。據《太平御覽》卷七八引〈風俗通〉中說：「俗說天地開闢，未有人民，女媧摶黃土作人，劇務，力不暇供，乃引絚於泥中，舉以爲人。」當然，秦俑的製作並不像女媧造人那樣簡單。

陶俑的出現可以追溯到春秋戰國時期。不過那時的陶俑體形小，火候低，製作粗率，刮削刀痕遍及全身，帶有較大的原始性。而秦兵馬俑不單是形體高大，它製作之精細，造型之準確，精雕細刻都是無與倫比的。

秦俑坑中出土的陶俑、陶馬，大多都已破碎，這倒反而方便我們窺視其製造方法。從陶俑、陶馬殘片分析，其製造過程大體分爲幾個步驟：塑型、焙燒、雕飾和彩繪。

• 上圖╱
秦俑腰帶飾件特
寫（楊異同攝）

　　陶俑的塑型過程，首先是用泥塑作初胎，再進行第二次覆泥，然後進行細部的雕飾。從發掘出來的兵馬俑分析，可以看出秦俑粗胎是運用印模和塑造結合的方法分部加工成型的，然後黏接起來。我們可以從陶俑的表面上看出有模印的痕跡，並且有相接部分的接縫和相互加厚的連接泥。據推測，陶俑軀幹的粗胎製法是採取由下而上的疊塑成型法。每件俑足下都有足踏板，陶俑的雙足都站立於足踏板上。這些足踏板具有平衡作用，使站立的陶俑更加穩定。足踏板依俑站立的姿勢不同，形狀亦不同。大略有幾種：例如雙足作八字形站立的陶俑，踏板近似方形；作稍息形態站立的俑，踏板呈五角形；以及雙足一前一後作丁字形站立的俑。陶俑的足履均為手塑，因而各個俑足履的大小、高低不一，雙足的大小也稍有差異。俑的雙足也是用手工製作的，有的和足踏板連在一起塑造、有的和足踏板不連，待入窯焙燒後再把足踏板膠合劑黏接於足下。

　　陶俑的腿，根據裝束不同，有粗、細二型，粗者為空心腿，細著為實心腿。在雙腿上部覆泥作成軀幹底盤。在腿的上段外側拍印一圈粗繩紋，有的是用麻繩纏縈，把預製的泥片包裹在上面塑成短褲的褲管。待底盤稍陰乾後再塑造軀幹，其塑造方法一般是用泥條盤築；另一種為從腰部分為上下兩段，分別製作後相接套合。待俑的軀幹的泥型稍微陰乾後，即相接雙臂。俑臂由於動作姿勢不同，而分為直形臂和曲形臂兩種。兩種臂均為單獨製作好再黏接於胸腔兩側。陶俑的手係單獨製作，再與臂套合。手的塑造法大致有合模法、分段合模法、捏塑法、合模法與捏塑法結合四種。俑頭的主體塑造是借助於模製成初胎後再進一步作細部刻劃。俑頭塑造方法分為合模法和單模與手塑結合法，頸、耳、髮、髻、冠幘等則另外製作。這樣，陶俑經過人足踏板到腳、腿、軀幹、雙臂、逐步迭塑成粗胎。

　　在此基礎上還要作進一步的細部雕飾。方法是先把俑頭各個部件黏合在一起，覆泥兩次，再根據各人身分、性格等進行細部刻劃一，就出現了形象特徵不同的武士頭。這樣，既便於大量成型製作，又可避免人物過於雷同。陶俑軀幹各部分也是如此，不過在初胎上只要覆一層細泥，抹光後再經過細緻的雕飾，以表現衣襟、領口、衣角，以及衣服的各種褶紋，再把各部分黏合成一體。俑腰束的革帶多用減地法刻出大型，再在上面刻劃

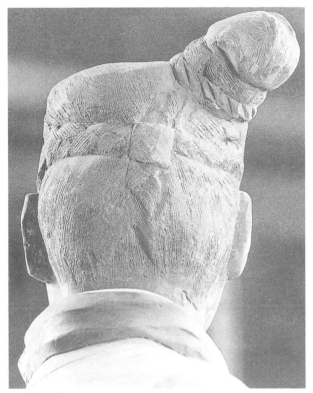

• 秦俑髮飾之一

• 秦俑髮飾之二

• 上圖／秦俑髮飾之三（楊異同攝）
• 右圖／秦俑髮飾之四（夏居憲攝）

或模印對角的三角形、菱形圖案花紋。帶鉤是採用貼泥作成淺浮雕或高浮雕的效果，有的帶鉤上面還加陰線刻，形象逼真。下身的短褲雕成圓形、方形、六角形、八角形等不同形狀。裏腿有的用陽刻線表示，有的採用堆貼泥條製作。淺浮雕的細帶花結用單模製作後貼接。陶俑身上的鎧甲，有的是在俑的粗胎上直接雕刻，有的是在粗胎上先覆一層細泥，然後雕刻成淺浮雕的效果。俑手在粗胎基礎上雕出指甲、關節、手紋以及筋骨和皮肉等。俑的足履是在粗胎的基礎上覆一層細泥，刻出履幫、履底、口緣及足面、足踝等。這些步驟完成後，再把精雕細刻好的俑頭安置在軀幹上，整個陶俑成型過程至此完成，待陰乾後再進行的焙燒、塗彩等步驟。

秦俑坑出土的陶馬，有拉車用的馬和騎兵所乘的鞍馬。這些陶馬出土時無一完整。根據分析陶馬的塑造過程是：先用不同方法預製出各個分件。如：馬頭係用左右合模製成。馬的體腔有上下合模，左右合模，前後合模等多種製法。馬耳朵、馬絡是手工塑製。馬腿與尾巴則使用範模製作。這些分件製作好再進行陰乾即進行組合粘接。在各分件連接處覆泥，按壓使縫密合成爲粗胎，再經過二次覆泥修飾和細部雕刻，與陶俑的製作方法大體相同。

秦俑是用什麼燒成的？

當精美的中國瓷器第一次出現於歐洲時，它們的價值比黃金還要貴重，被稱爲「白色黃金」。從這個意義上講，「點石成金」並非神話，而是我國古代陶瓷工匠的偉大創造。他們是怎樣「點石成金」的呢？這得從陶瓷原料談起，土石是製造陶瓷的基本原料。

經測試、分析、檢驗，陶俑、陶馬的胎質所用的泥土，其質地主要是由雲母類粘土與多元低共熔混合物組成，並包含石英和少量的長石、白雲母、黑雲母，以及微量角閃光石等物。這種黃土及砂和始皇陵近驪山北麓的土和砂的成分相同，證明製作陶俑、陶馬的原料是就地取材。粘土有個基本性質，即與適量的水泥結形成泥團，泥團在外力的作用下產生變形但不開裂，當不再有外力時，泥團也不會恢復原來的形狀。粘土的這種特性稱爲「可塑性」。此外，粘土中含有大量氧化鋁，氧化鋁耐火度極高，是構成陶瓷胎體骨架的重要成分。陶俑原料中的石英可調整泥料的可塑性，降低收縮率。成爲陶瓷骨架，減少坯體在燒成時變形，並同時提高陶俑機械強度。

秦俑燒製最高溫度經測試爲1000～1050℃，較低溫度約在950～1000℃之間。陶胎薄厚不一，薄的不足0.5厘米，厚者多達5厘米以上。陶俑的輕

• 秦俑面部特寫

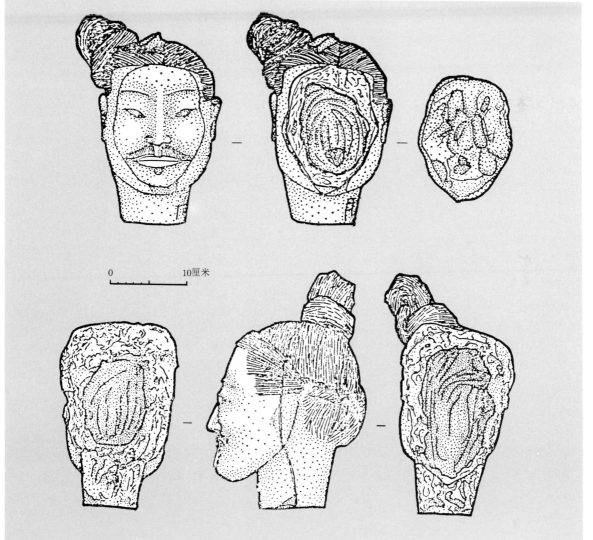

0   10厘米

• 一號俑坑陶俑頭部製法

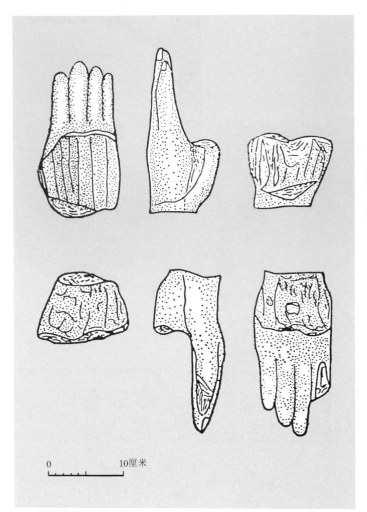

● 陶俑手勢特寫

● 一號俑坑陶俑手部製法

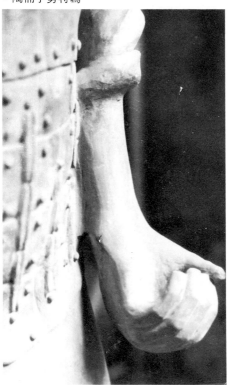

● 上圖、左圖／陶俑手部特寫，爲兩種不同的
　手勢。（楊異同攝）

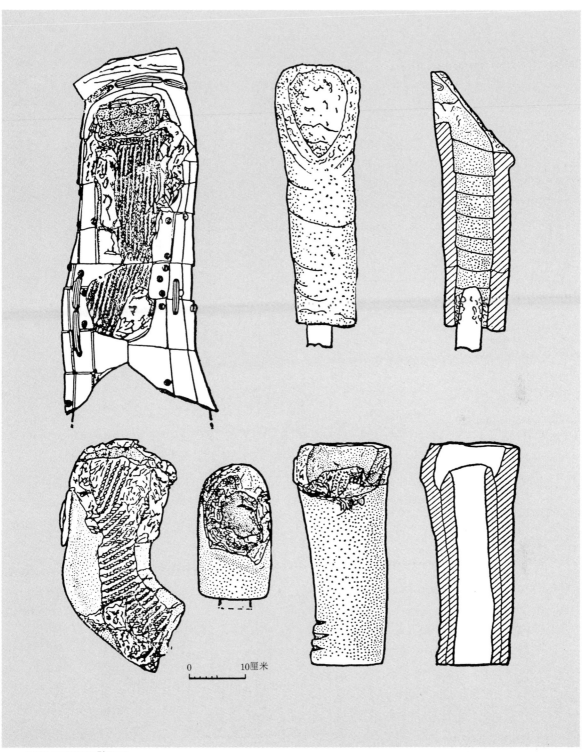

● 一號俑坑陶俑俑臂製法

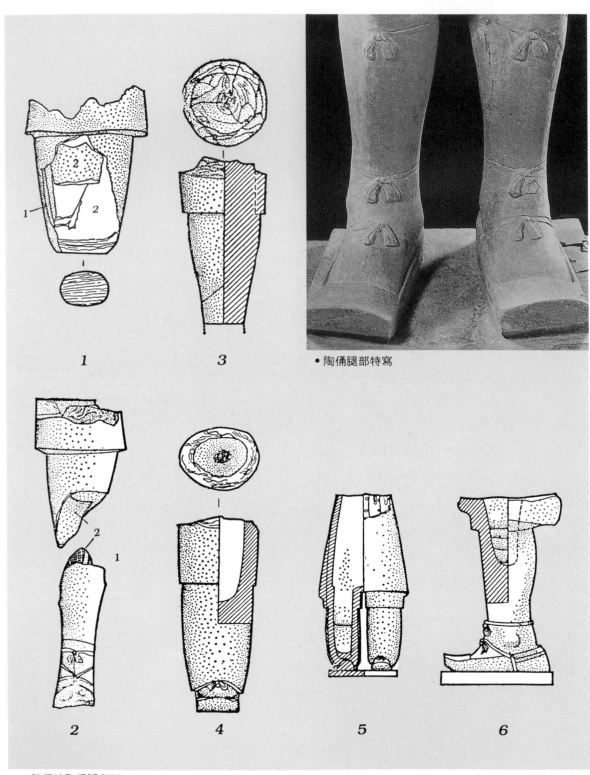

1　　　　　3　　　　　● 陶俑腿部特寫

2　　　　　4　　　　　5　　　　　6

● 一號俑坑陶俑腿部製法

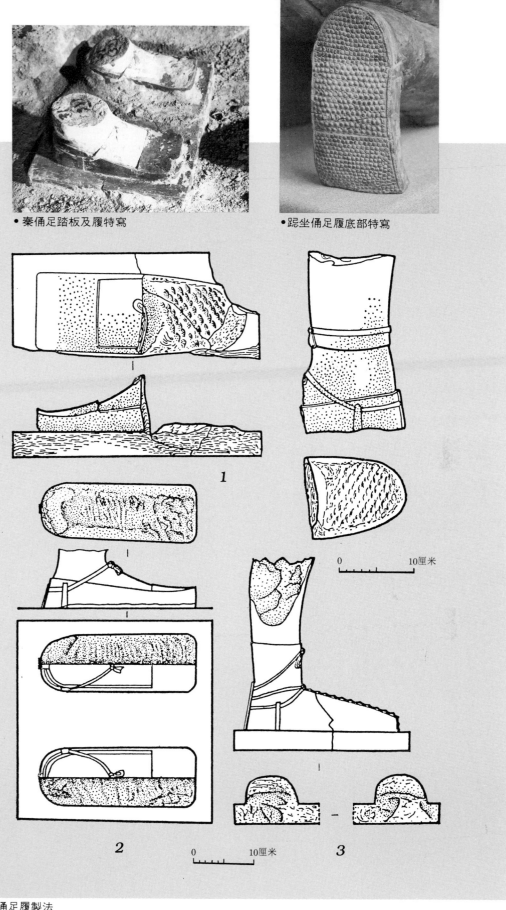

●秦俑足踏板及履特寫

●跽坐俑足履底部特寫

1

2

3

0　　　　　　10厘米

0　　　　　　10厘米

●一號俑坑陶俑足履製法

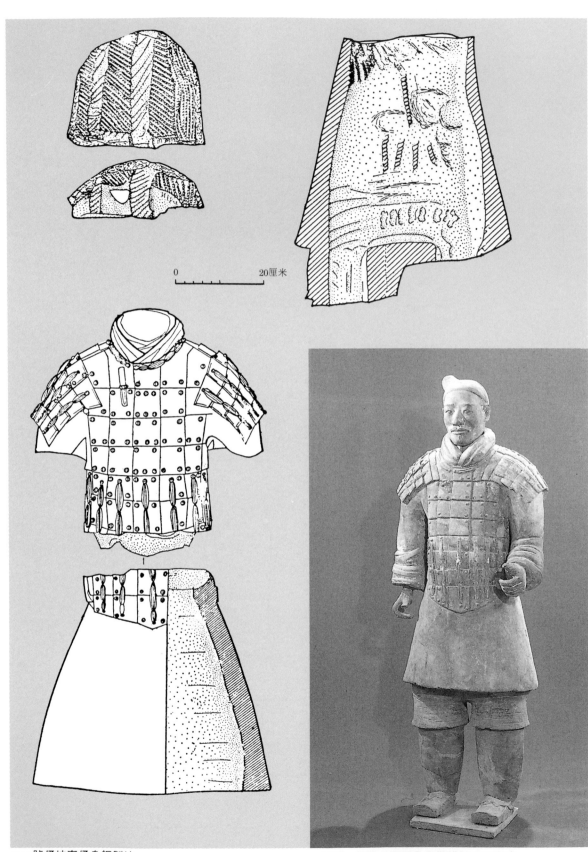

0   20厘米

● 一號俑坑秦俑身軀製法　　　　　　　　● 甲俑，軀體上下兩段用塑模結合法而成。

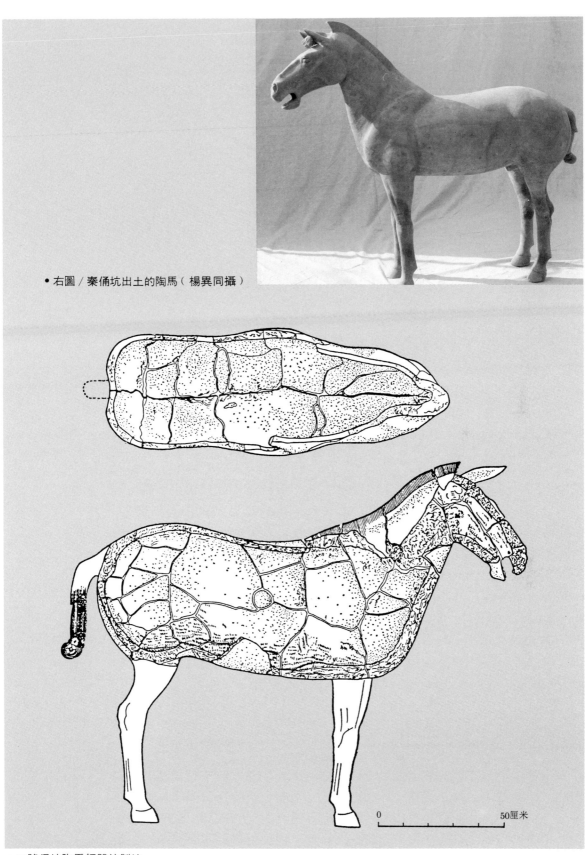

● 右圖／秦俑坑出土的陶馬（楊異同攝）

0　　　　　　50厘米

● 二號俑坑陶馬軀體的製法

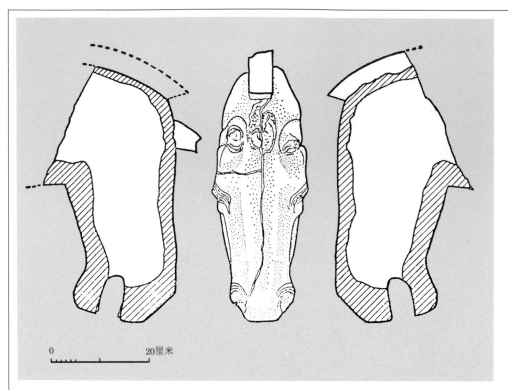

● 一號俑坑陶馬頭
部的製法

重也不同，輕者不到110 公斤，重者接近300公斤。依此我們可以推測，陶
土原料在乾燥時、燒成時均要收縮，總收縮率在5％以上，那麼在塑造時，
泥坯的尺寸要比現在看到的陶俑大許多。這樣大的陶塑在塑造時，原料的
性能要好，可塑性應比較強，黏接部分要牢固，乾燥時要緩慢，以防止開
裂。製作難度比較大，在今天條件較好的情形況下，要製作燒成這樣大的
陶塑也不是件容易的事。為了提高焙燒質量，秦代工匠在製造過程上還採
用了盡量減少泥胎的厚度，在陶俑、陶馬適當的部位留通火、通氣的孔眼
等措施來提高焙燒水準。秦俑坑出土的陶俑、陶馬，質地堅硬、火候均
勻，無炸裂和扭曲變形現象。反映了當時製陶水準是相當高的。另外從陶
俑、陶馬破碎的陶片觀察，其表面光滑且多呈青灰色。

彩繪秦俑的原形樸實明麗

不管是一、二號俑坑，還是三號俑坑出土的秦俑，也不管是舞台上表
現的「秦俑魂」，幾乎全是一律的青灰色。那麼，這就是秦俑的真相嗎？
不是！秦俑的真相應該是實用的、多色的、樸實而又明麗的。我們知道，
● 陶俑、陶馬製作的最後一道工序是進行彩繪。根據對陶俑、陶馬剛出土後

局部還保存著的鮮艷色彩，出土後，由於空氣乾燥，顏色就慢慢剝落了。現在我們能看到的只是殘留的彩繪痕跡，根據對陶馬、陶俑剛出土後身上的顏色統計，計有朱紅、粉紅、粉綠、粉藍、棗紅、粉紫、中黃、桔黃、白、黑、赭等，其中以朱紅、粉紅、粉綠、粉藍、赭色最多。經化驗，都是礦物質顏料，顏色的調和劑為明膠。

秦俑是如何著色的呢？專家認為，施色時先在陶俑、陶馬身上塗一層明膠作底。明膠裡有的摻調黑色，有的未摻顏色，為乳白色的透明體。然後在底色上敷彩。面、足和手上的顏色較厚，一般都有兩層或三層色。即在明膠作的底上先鋪一層白色或粉紅色，再罩一層粉白色。陶俑的上下衣是乾塗一層紅色或粉綠、粉藍等顏色。陶俑的眼睛，先塗一層白色，再用墨色繪出眼珠、眉毛、鬍鬚。有的用墨線描繪，但為數甚少，大多同面部的顏色一樣。頭髮、髮髻和髮辮大都是塗一層赭黑或灰藍色。陶馬身上的顏色為棗紅色、黑鬃、黑尾、白蹄甲、粉紅色的舌及白色的牙齒。

整體看來，陶俑和陶馬施色的方法比較簡單，均為平塗，色彩的基調樸實明麗。《史記》〈秦始皇本記〉載：「始皇推終始五德之傳，以為周德火德，秦代周德，從所不勝。……衣服旄旌節旗皆尚黑。」可是，同出土的秦宮室壁畫也一同樣繪得富麗堂皇，那麼，對秦「尚黑」又該如何解釋呢？至今還是個難題。遺憾的是目前人們參觀秦俑時，所看到的陶俑陶馬都呈青灰色，這是陶質的顏色，已非原色。由於俑坑經過火焚和埋在地下兩千多年水土的浸漬，特別是出土後的脫水風化，使顏色均已脫落，僅存殘跡，今天我們已無法窺其原貌。現在我將二號俑坑出土的一件高級軍吏俑身上的殘跡赭色稍作描述，以窺一斑。這件高軍吏俑，乃身穿紅色中衣，綠色長襦，朱紅色長褲，赭色冠、履和甲片，朱紅色甲釘和甲帶，甲的前胸後背及周邊都繪有幾何形圖案，雙肩及前胸，後背並有八朵用彩帶紮起的花結。

誰塑秦俑？

始皇二年，騫涓國獻刻玉善畫補工名烈裔。刻玉為善，毛髮若真，畫為龍鳳，騫翥若飛，皆不可點睛，點之，必飛走去。始皇各以淳漆點兩玉虎一眼睛，旬日失之。明年，西方獻兩白虎，各一目，視其胸，果是年所刻玉虎也。（《太平御覽》及《太平廣記》）可見當時秦國國內有許多繪畫雕刻的藝術名師。

司馬遷在《史記》裡記載，修建秦陵的人是由七十餘萬的刑徒組成。那麼雕塑舉世聞名的秦俑群雕的藝術師是誰呢？秦代統治者為了考察工匠

1　　　2　　　3　　　4

5　　　6　　　7　　　8

9　　　10　　　11　　　14

12　　　13

15　　　16　　　17　　　18

0　　　　　　　　　5厘米

● 一號俑坑陶俑身上的文字

的責任心，規定製作器物的人必須把自己的名字刻在器物上，或把印章蓋在器物上。這個制度古名為「物勒工名，以考其誠」。由於這種偶然的規定，使我們知道了一批雕塑秦俑群雕的藝術名師。

秦始皇陵一、二、三號兵馬俑坑出土的陶俑、陶馬，在其身上發現有刻劃或戳印的文字近五百件，除掉重覆的還有一百多種。其內容大體可分為兩大類：一是數字類，為製作陶俑、陶馬過程中的編號；二是製作陶俑、陶馬的工匠名。其中數字類都是刻劃文字，是在陶俑、陶馬泥胎未乾時，用尖狀物隨手刻劃的。字跡大多比較草率、大小不一。大者字徑達17厘米，小者字徑1.3厘米。數字書寫法有三種形式：十以內數字寫為「一、二、三···」；十以上百內數字一律豎寫「廿、卅、卌、圥」；百以上數字一律豎寫如 圭（112）等。而且數字類的部位也不統一。陶馬身上的刻文，有的在臀部，有的在臂部、頸部等。陶俑身上的刻文，有的在臂部，有的在肩或腹、胸、頸、腿等部位。這些數字的性質，都是編號，即各個陶工在塑造陶俑的過程中為了便於統計數量，而隨手刻劃的。文字類多數為刻文，少數為印文。文字的字體都是小篆，其中印文的字體比較規整，刻劃的文字比較草率。印文發現的部位大都在背後衣下擺的底部，也有少數在腿上和頭上。刻劃的文字所處部位各一，有的在上身的兩側靠近腋下，有的在胸部、背部、頸部、頭部等。陶文的內容可分為三類：一是帶有「宮」字類的陶文；二是帶有其地名的陶文；三是其它。帶「宮」字的陶文有「宮水」、「宮彊」、「宮得」、「宮系」、「宮朝」等。「宮」是秦中央所屬為宮庭服務的官署簡稱。這些雕塑師當是來自中央管理下的官署製陶作坊，「彊」、「得」、「系」、「朝」是人名。地名類陶文有「咸陽衣」、「咸陽危」、「咸陽野」、「咸陽午」等，這些陶文前均冠

「咸陽」二字，「咸陽」爲地名，「危」、「野」、「午」等爲人名。說明這部分人乃爲從咸陽抽調來的雕塑師傅。還有一部分陶文如「民」、「脾」、「安」等，這些陶文只刻人名，不見地名和官署名，說明這些人可能是來自民間的陶工。這些陶文內容也見於秦陵陵園內的其它器物上，從陶文上反映出雕塑大師來源來看，從咸陽來的最多，這是因爲咸陽當時是秦國的政治、經濟、文化的中心，是大批優秀大師的集結地。

從上述陶文內容不難看出，雕塑秦俑的藝術師有來自中央製陶作坊的，有來自國都咸陽的著名工匠，有來自地方製陶作坊的及民間製陶作坊的能工巧匠。由於這些人原來的閱歷不同。據袁仲一先生研究認爲，中央製俑機構所製的陶俑形象要準確、生動一些。來自民間的陶工則技藝參差不齊、風格不一，但比較活潑清新。另外，一些雕塑大師的大名既見於一號俑坑，又見於二、三號俑坑，說明三個俑坑內的陶俑、陶馬都是同一批雕塑大師同時製作的。正是這批優秀雕塑大師，以他們卓越的技藝、豐富的經驗、深厚的藝術修養、聰明的才能、而塑造出風格不同、神態各異的秦俑群雕。

秦俑的藝術價值

秦兵馬俑可謂是一種實用雕塑群體，也是世界上獨一無二的藝術傑作。由於秦兵馬俑是一組守衛陵地，顯示軍威、皇權的整體群雕，因此在整體藝術構思上需要排除過於鮮明的獨特個性，需要追求博大而又統一的藝術效果。因而製作者盡量避免強烈的個體動態塑造，而採取「以靜寓動」的藝術手法。從外表上看，兵馬俑是無數直立靜止體的重覆羅列，但它們不會使人感到枯燥。原因是秦兵馬俑以連續裝飾排列的藝術結合，在整體上造成宏大的氣勢，使觀者油然而生敬畏肅穆之情，從而達到嚴肅美觀的效果。而形象的無數次重覆給人深刻印象，這也達到了「標準性」（共性）與鮮明特殊性（個性）的統一。於統一中求變化、靜穆中得躍動的軍陣構圖，充分展現了秦軍氣勢磅礴，所向無敵的同時，也折射出意境的壯美，產生令人驚嘆的藝術魅力。

秦俑的人物形象則有著寫實性和深刻的典型性，其逼真的寫實藝術在中國雕塑史上是卓越的。儘管因整體構思的需要，兵馬俑均爲靜止直立體，無多大的動勢，但製作者們十分注重頭部的造型和顏面細部的刻劃，以此來傳達人物的不同性格、經歷和微妙的心理活動。這就是秦俑群雕同中存異，異中求同的另一藝術特色。如秦俑的頭部造型被袁仲一分爲「由」、「甲」、「申」、「目」、「田」、「國」、「用」、「風」等

八個字形狀。「由」字形狀的秦俑，臉型下大上小，爲孔武有力的武士形
象，「甲」字形狀的，頭型下小上大，表現人物機敏，以前鋒俑爲多；
「申」字形狀的，臉形狹長，面容平肅，神態英武，「田」字形狀給人以
敦厚樸實之感；「目」字形的則敦厚中帶內秀，粗中而有細；而「風」字
形臉型的性格類似於「國」字形，但有鬍鬚似爲沙場老將的形象；「用」
字形面龐和五官統一於扁長之中，顯得十分和諧。這就是在臉形塑造上，
以「口」爲主調造成整體的「同」，又以局部的變形造成個體的「異」，
使秦俑避免3千人一面的感覺。

　　在局部處理上，秦俑雕塑大師們更費盡心血，他們把秦俑頭型的諸多
類形和人物五官的不同變化相結合，又構成了眾多的表情和豐富生動的個

• 考古專家正在清
　理出土的秦俑彩
　繪痕跡

• 秦俑手部彩繪痕跡

• 秦俑甲衣彩繪痕跡

性。如眼角上挑下搭，兩眼集中或開展，各種不同的眼形以及眉的粗細走
向，乃至於鼻、唇、耳等的不同塑造和配合，更是不勝枚舉。同時製作者
又通過不同的衣冠服飾、武器配備制，表現出不同的等級和兵種。對於鎧
甲的堅硬、戰袍輕軟的塑造，則真實而富有質感，而對革帶髮式、行縢、
靴履等細部的刻劃也力求真實、一絲不苟。陶馬的造型結實而矯健，前腿
如柱，後腿似弓，比例適度，準確生動。陶馬的塑造似乎以秦宮廄苑內的
馬作爲模特兒。秦陵東側上焦村西馬廄坑曾出土一批秦馬的骨骼，經實
測，馬的各處的比例與秦俑坑出土的陶馬相似。這反映了陶馬的作者具備

● 高級軍吏俑彩繪復原圖

● 彩繪跪射俑復原後的樣子（楊異同攝）

高超的寫實能力和卓越的藝術技巧。

　　總之，秦俑的藝術造型是靜態寫實與動靜結合，同中求異與同異結合；突出群體又精雕細刻；能運用我國傳統泥塑技法的塑、捏、堆、貼、刻、畫，表現出對象的體量、形、神、色、質等，形成一套中國傳統民族特色的藝術風格和技巧。秦俑藝術開創了新的境界，代表中國古代雕塑藝術已趨於成熟，成為中國古代雕塑藝術上的一個典範。

秦兵馬俑的十美

　　秦俑坑陶俑的發現，是中國和世界雕塑藝術史上的空前奇觀。這些埋藏在地下二千多年的文化寶藏，以其神奇的姿態展示在我們面前時，毫無疑問地說明了我國雕塑藝術在春秋戰國時已出現了第一個高峰，其藝術的主要成就和特點上共有十點成就：

● 左圖、上圖／跽坐俑頭部特寫，正面及髮式。（夏居憲攝）

一、題材美：這七千餘件陶俑位於秦始皇陵外城門大道北側，模擬駐紮在秦都咸陽城外的守衛部隊，它不是塑造秦軍正與敵人奮勇作戰的場面，也不是一般常見的車馬儀衛的出行，而是捕捉了嚴陣以待、整裝待發的剎那，這一題材帶給人以無窮的想像空間。

二、氣勢美：陶俑形體大，數量多。一列列、一行行，步伍嚴整。是古今中外雕塑史上所從未有，具有強烈的感人魅力，使人如置身於金鼓錚錚、戰馬蕭蕭的千軍方馬之中。

三、陣容美：秦俑坑是個大型地下軍事營壘。一號俑坑中的軍陣顯示了秦朝步兵和車兵聯合編隊的場面；二號俑坑則是步兵、騎兵、車兵三個兵種的聯合編隊；三號俑坑展示了秦軍軍幕的真實面貌。從而構成了一個龐大的軍陣體系，生動地再現了秦軍「帶甲百餘萬，車千乘、騎萬匹」的陣容之美。

四、充實美：七千餘件陶俑、陶馬，數十乘戰車和數萬件兵器，分布在三個俑坑內，占地面積達二萬平方米，給人陣容嚴謹、裝備精良、兵強馬壯的充實美，更難得的是毫無擁擠感。

五、高大美：秦始皇時代的一些雕塑和建築物，都以宏偉、巨大為特徵，秦俑是我國目前發現的最大陶塑，平均高度為1.8米，最高者達1.95米。據測定秦俑的燒成溫度為900℃～1200℃。收縮率在5%以上，那麼秦俑在塑造時，泥塑尺寸要比現在看到的陶俑大許多，具有高大美的時代特徵。

六、華麗美：目前我們看到的陶俑呈青灰色，並非原色，而是陶質本色。原來的陶俑是彩繪的。由於幾千年來地下水土浸漬和出土後的風化，顏色在基本上都脫落了。從陶俑身上的殘跡來看，戰袍的顏色有朱紅、橘紅、白、粉綠、綠、紫等色；褲子繪有藍、紫、粉紫、粉綠、朱紅等色；甲片多為黑褐色，甲衣和連甲帶多為朱紅；陶俑的顏色及手、腳面均為粉紅色，表現出肌肉的質感。這樣的處理，給處於靜態的秦俑雕，加添了熱烈、活潑的氣氛，巧妙地襯托出秦軍威武雄壯、生氣勃勃的藝術形象。

七、個性美：七千餘件陶俑神態各異，富有生動的個性。不同身分、不同年齡的人物性格、表情，各有特點，給人一種千人千面、千人千格之感。

八、空間美：陶俑的空間美主要表現在作為三度空間的立體形式有恰到好處的比例。人類學者經過陶俑5,237個結構紀錄中，3,119條面部溝皺分析，發現人中、鼻唇溝、額溝顯示率為100%：上瞼溝、眶上溝、下瞼溝顯示率在95%以上：額皺、眉間皺顯示率大於20%，蒙古褶、面額紋、魚尾紋、鼻根皺等顯示率為0.4%到5.2%。故陶俑的面部「表情」被刻劃得

• 俑坑布陣全景

栩栩如生。古希臘維納斯雕像有人中、鼻唇溝、額溝等少數幾條皺紋。秦俑表現出我國古代雕塑大師在雕塑上的敏感性和準確性。

　　九、工藝美：陶俑的製作工藝，是塑模結合，但以塑為主。陶俑的軀幹塑造手法簡潔俐落，寫意的韻味很濃。頭部借助於模具作出大樣，然後再精心刻劃，絲絲入扣。陶俑的鎧甲、五官的刻劃酷為真實，而陶俑的鬍

　　鬚等又蓄意誇張。在技法上運用了塑、堆、捏、刻、劃六法，把圓雕與浮雕、淺刻結合，塑與繪結合，形成了中華民族的曠世傑作。

　　十、構圖美：由於秦兵俑是一組守衛陵地，顯示軍威、皇權的整體群雕，因此在總體藝術構思上需要排除過分鮮明的個性獨立性，使之達到突出而又統一的藝術效果。於是，製作者儘量避免強烈的個體動態塑造，而

●一號俑坑布陣局部（夏居憲攝）

採取「以靜寓動」的藝術手法。從表面上看來，兵馬俑是無數直立靜止體的重複擺列，但並不使人們感到枯燥，彷彿他們正徐徐地向您走來，同時又以連續裝飾排列的藝術效果結合，在整體上造成宏大的氣勢，使觀者油然而生敬畏、蕭穆之情。於統一中求變化，靜穆中得躍動的軍陣構圖，在充分展示出秦軍所向無敵的同時，也折射出意境壯美和令人驚歎的藝術魅力。

秦代文物賞析

（高玉英攝）

銅鋪首

錯金銀銅鼎

秦／銅質

高20厘米　腹徑18厘米

1971年陝西咸陽市出土

陝西咸陽市博物館藏

此鼎爲子母口，方唇，口微內收，淺腹，腹部有一道凸弦紋，獸形足，微外撇，長方形附耳。蓋是圓弧形，上有三個環形紐。鼎通體飾錯金柿蒂紋，雲紋及變形蟬紋。蓋上有一孔。

玉璧

春秋・秦／玉質

直徑29厘米

1972年陝西鳳翔縣雍城遺址出土

陝西省鳳翔縣博物館藏

此爲先秦祭天用品。五環帶圓形。雙面均飾有蟠虺紋。墨綠色，紋飾緊細，線條流暢，雙面磨製，較光滑。

兩詔文銅橢量

秦／銅質

長25厘米　寬10厘米　高7厘米

重2.07公斤

陝西禮泉縣出土

陝西歷史博物館藏

此器爲量器，經實測容水量爲2050毫升，器口呈橢圓形，柄截面作「U」字形。量兩側面分別刻有秦始皇和秦二世頒布的詔文。

右圖／動物紋瓦當
秦／陶質
面徑16.8厘米
1974年陝西咸陽秦一號宮殿遺址出土
陝西咸陽市博物館藏
圓形，當面爲四扇面形區間，每區間分別飾一對鹿、
馬、鳥、蟲四種動物，形象生動。

右下圖／夔鳳紋瓦當
戰國·秦／陶質
面徑14.3厘米
1984年陝西鳳翔雍城遺址出土　陝西鳳翔縣博物館藏
圓形，有邊輪。瓦當爲一奔走欲飛的鳳鳥紋圖案，造
型生動。

下圖／銅「半兩」錢範
秦／銅質
長30厘米　寬11.5厘米　厚1.3厘米　重2280克
1983年陝西臨潼縣芷陽遺址出土
陝西考古研究所藏。
此錢範爲長方形，由中間斷爲兩段，注端爲梯形，範
內有半兩錢14枚。

詔版

秦／銅質

長10厘米　寬6.5厘米　厚0.2厘米

1961年陝西咸陽秦宮殿遺址出土　陝西歷史博物館藏

詔版一般呈長方形。此詔版上有銘文四十字。

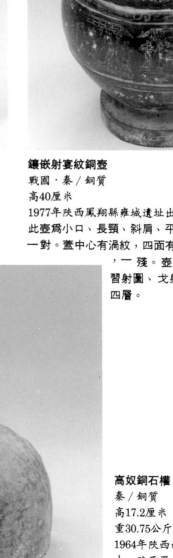

鑲嵌射宴紋銅壺

戰國·秦／銅質

高40厘米

1977年陝西鳳翔縣雍城遺址出土　陝西鳳翔縣博物館藏

此壺爲小口、長頸、斜肩、平底、圓足。肩上獸紋銜環一對。蓋中心有渦紋，四面有異獸紋，蓋上三個鴨形紐，一殘。壺身上用金屬片分別鑲嵌出習射圖、戈射圖、宴樂圖、狩獵圖共四層。

高奴銅石權

秦／銅質

高17.2厘米　底徑23.6厘米

重30.75公斤

1964年陝西西安西郊三橋鎮南高窯村出土　陝西歷史博物館藏

權是古代天平的法碼，此權爲陝西省出土秦權中體積最大，銘文最多的一個。

140

鹿雁紋瓦當
戰國·秦／陶質
面徑15厘米
1975年陝西鳳翔雍城遺址出土
陝西鳳翔博物館藏
呈圓形，面部有浮雕式立鹿，另飾
有蛤蟆，犬及雁。

十二字瓦當
秦／陶質
面徑16.5厘米　邊輪寬0.9厘米
1953年陝西咸陽市出土
陝西咸陽市博物館藏
最初瓦當為半圓形，稱為半瓦當，
戰國時出現圓形瓦當沿用至今。此
瓦當當心有以篆體陽文表示吉祥的
十二個字：維天降靈，延元萬年，
天下康寧。

銅蟠虺紋楔形建築構件
春秋·秦／銅質
長31.5厘米　寬6.5厘米
高30.04厘米
1973年陝西鳳翔縣雍城遺址出土
陝西鳳翔縣博物館藏
本構件形制類似楔形磚而中空，正
面及底面有蟠虺紋，正中偏上有直
徑4厘米的圓形鉚眼，起加固構件
內木構節點的作用。

左圖／鳳鳥銜杯鏤空方座銅薰爐
戰國・秦／銅質
高36厘米
1995年陝西鳳翔縣雍城遺址出土
陝西鳳翔縣博物館藏
此爐造型奇特，下部爲覆斗形，採鏤空蟠螭紋
飾；上部爲圓球形雙層壁爐體，外壁以銅絲網
編織並焊接。頂有一銜銅環的鳳鳥，精緻而有
藝術價值。

下圖／陶鬲
秦／陶質
高26厘米　口徑24.7厘米　腹深24.2厘米
1961年陝西咸陽秦宮遺址出土　陝西咸陽市博
物館藏
此鬲係灰陶粗砂，底部滿捺指印紋，口沿爲卷
口，器表飾繩紋。

陶囷

秦／陶質

高38厘米　重10210克

1976年陝西臨潼縣秦始皇陵園
出土　陝西考古研究所藏

此陶囷爲明器中糧倉的模型。
倉蓋正中鼓起，有一圓形孔，
孔上加蓋，蓋上立一小鳥。圓
足，腹部有一長方形小門。

銅鏡

秦／銅質

徑22.8厘米

1980年陝西淳化縣南坪村出
土　陝西淳化縣博物館藏

此鏡鏡面光素，背面鏡中飾以
鈕，可穿絲帶供懸掛，有四組
蟠螭紋及呈鋸齒形幾何圖案裝
飾紋。

彎形陶水管道

秦／陶質

大口徑27厘米　小口徑20厘米

1974年陝西秦一號宮殿遺址出
土　陝西咸陽市博物館藏

此管爲地下管道彎頭，泥質青
灰陶，外飾繩紋，內爲渦點
紋。

秦公鐘

春秋・秦／銅質

高68厘米　重21.5公斤

1978年陝西寶雞縣太公廟村出土

陝西寶雞市博物館藏

鐘甬上有4條小龍；幹上有4組變形雷紋；旋飾重環紋；鉦部分5區，各有枚三個及兩條雙身夔龍，並有銘文18字；鼓部飾鳳鳥二隻。

銅東郡虎符

秦／銅質

長9.5厘米　高4.3厘米

陝西周至縣文物管理所藏

虎符因形得名，分左右兩半，虎脊有縱列錯金銘文，左右兩半上均有相同銘文各12字：甲兵之符，左在皇帝，右在東郡。

右圖／鳥蓋瓠壺

秦／銅

高39厘米

陝西綏德縣出土　陝西歷史博物館藏

壺因形似瓠子，蓋爲鳥形，故名。鳥首形器蓋
以珍珠紋爲底，嘴部裝有環扣可啟閉。鳥身胸
部飾昂首盤身蛇紋兩條，蛇尾各有展翅、伸嘴
啄蛇狀的小鳥；瓠壺從肩部到腰飾有寬帶狀蟠
螭紋六道，環形把手，兩端作龍首形，有鍊環
與蓋上鳥尾相連，每節鍊環上均飾有頭向上，
尾部圓形的蛇紋相互套合。

右下圖／金馬飾

春秋・秦／金質

長4.1厘米　寬3.4厘米　重77克

1979年陝西鳳翔縣雍城遺址出土

陝西鳳翔縣博物館藏

金馬飾爲馬頭上用的裝飾物，爲一人獸頭和二
條捲在一起的龍組成，後有穿帶處。

下圖／秦「半兩」錢

秦／銅質

徑3.1厘米　厚0.2厘米　重6.7克

陝西臨潼縣博物館藏

此錢圓形方孔（寓天圓地方之意），無廓，背
平素無文，面鑄陽文「半兩」。

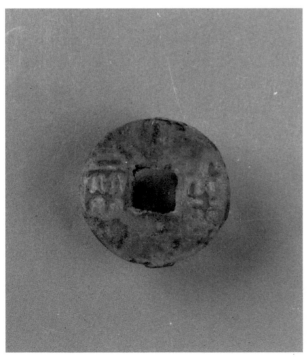

左圖／銅錞于
秦／銅質
高69.6厘米　重19公斤
1978年陝西咸陽市塔兒坡出土
陝西咸陽市博物館藏
錞于正視似鐘，頂大腹稍收，上有伏獸鼻紐，
內懸子鈴同舌，是一種樂器，戰爭中與鐘鼓作
用相同，通體飾變形夔紋。

下圖／龍紋空心磚
長117厘米　寬39厘米　高163厘米
1982年陝西咸陽秦宮殿遺址出土
陝西考古研究所藏
磚面飾龍紋，龍目圓睜，烱烱有神，數對龍
爪，恰好填補了空間位置，中間有一玉璧。

鎏金馬飾一組（3件）

1.龍頭馬飾

直徑5.6厘米　重80克

正面浮雕、透雕、圓形浮雕中有一熊頭。

2.龍紋馬飾

直徑4.92厘米　重60克

正面浮雕、透雕、龍紋。

3.龍紋馬飾

直徑4.9厘米　重50克

正面浮雕、透雕、龍紋。

秦公鎛

春秋·秦／銅質

高75.1厘米　高53厘米

1978年陝西寶雞縣出土

陝西寶雞市博物館藏

秦公鎛出土了一套三件，每件鑄銘一篇，這是三件中的第一件。鼓部平齊，有四個扉棱，側旁兩扉棱由九條飛龍蟠曲而成；在頂部中有圓孔，並有一龍一鳳，相背回首；鼓身上下各有一條由變形蟬紋、竊曲紋、菱形紋組成的條帶分成四區，每一區段有六條飛龍勾邊，龍身線條流暢。

下圖／陶罐

秦／陶質

高28.5厘米　口徑19.5厘米

1976年陝西臨潼縣秦始皇陵園出土

陝西考古研究所所藏

斂口，沿微侈，廣肩，鼓腹，腰下斜收，肩腹飾蓮紋和鞭菱形方格紋。陶色青灰。

楚「郢爰」金幣

戰國／銅質

長6厘米　寬6.7厘米　厚0.5厘米　重253.3克

陝西咸陽市博物館藏

圓形金幣，印記清楚，含金量9.8％，正
面印章共十三方，其中邊沿四方不全，正
面有刀鑿痕。

下圖／「齊法刀」刀幣

戰國／銅質

長18厘米　寬2.9厘米　重42.2克

陝西臨潼縣博物館藏

正面鑄陽文「齊法刀」三字，又稱「三字
刀」。

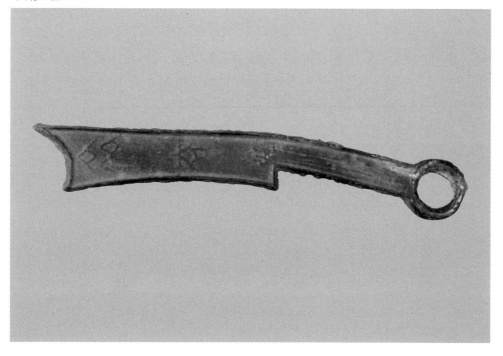

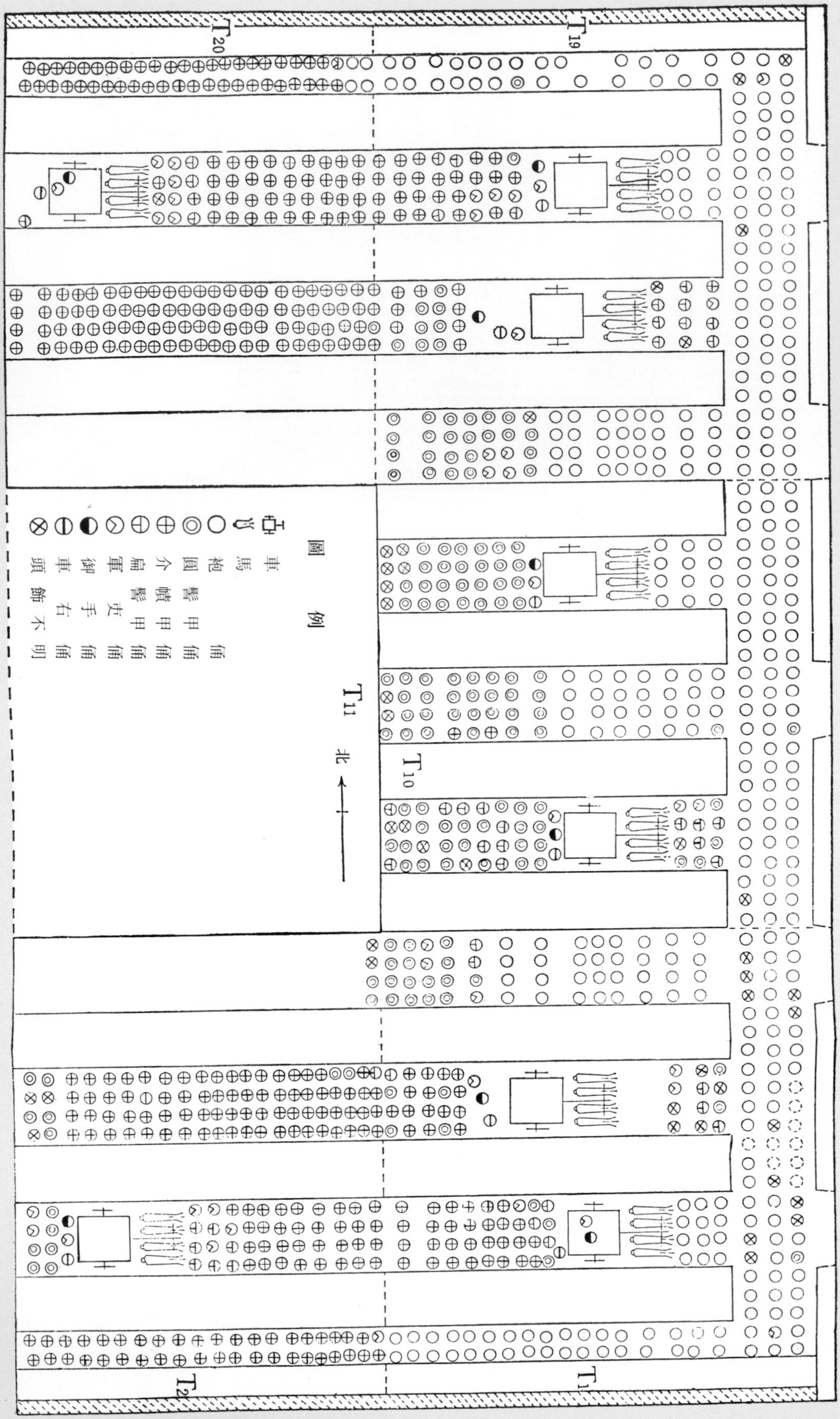
T20
T19
T11
T10
T2
T1
北
圖例
車
馬
袍俑
圓髻甲俑
介幘甲俑
扁髻甲俑
軍吏俑
御手俑
車右俑
頭飾不明

● 一號兵馬俑坑東端陶俑、陶馬排列位置示意圖

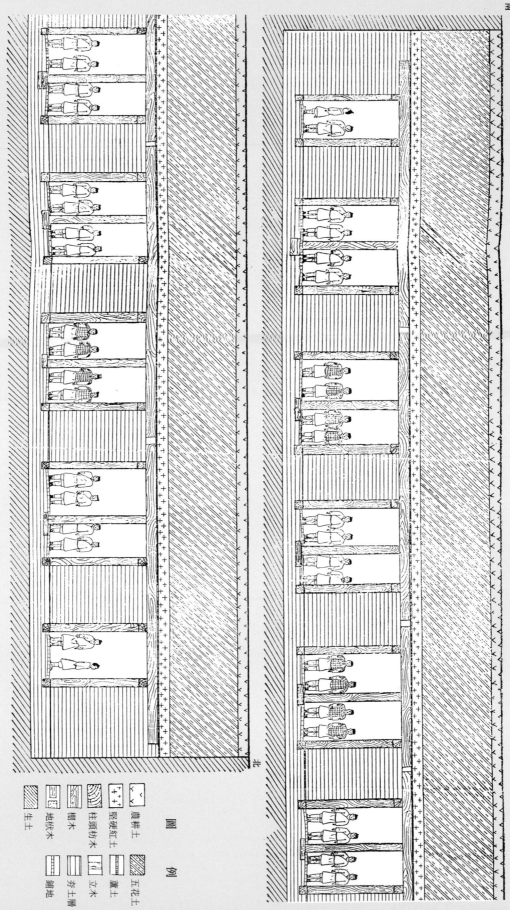

●一號兵馬俑坑東端車陣横剖視圖

圖 例

<table>
<tr><td>農耕土</td><td>五花土</td></tr>
<tr><td>堅硬紅土</td><td>簾土</td></tr>
<tr><td>柱頭枋木</td><td>立木</td></tr>
<tr><td>棚木</td><td>夯土牆</td></tr>
<tr><td>地栿木</td><td>鋪地</td></tr>
<tr><td>生土</td><td></td></tr>
</table>

北

國家圖書館出版品預行編目資料

秦始皇兵馬俑 = The terra-cotta army of Qin
Shi Huang／張濤著. －初版. －臺北市：
藝術家出版, 1996[民85]
面：　　公分. --（藝術生活叢書：7）
ISBN 957-9530-18-1（平裝）

1. 古俑

796.3　　　　　　　　85000281

秦始皇兵馬俑
The Terra-Cotta Army of Qin Shi Huang
張濤◎著

發 行 人　何政廣
編　　輯　王庭玫、郁斐斐、王貞閔
出 版 者　藝術家出版社
　　　　　台北市重慶南路一段147號6樓
　　　　　TEL：（02）2388-6715
　　　　　FAX：（02）2331-7096
　　　　　郵政劃撥：01044798　藝術家雜誌社
總 經 銷　時報文化出版企業股份有限公司
　　　　　中和市連城路134巷16號
　　　　　TEL：（02）2306-6842
南部區域代理　台南市西門路一段223巷10弄26號
　　　　　TEL：（06）261-7268
　　　　　FAX：（06）263-7698

製　　版　日茂彩色製版有限公司
印　　刷　欣佑彩色製版印刷有限公司
二　　版　1999年6月
定　　價　新台幣480元

法律顧問　蕭雄淋